Herderbücherei

Band 951

Über das Buch

Schwierigkeiten gibt es in jeder Erziehung. Kinder leiden manchmal unter körperlichen Störungen, entwickeln abnorme Gewohnheiten, können sich plötzlich nicht mehr konzentrieren oder fallen durch ständigen Unfug aus der Rolle. Solche Elternsorgen begegnen Christa Meves täglich in der Praxis, in der Korrespondenz, in zahllosen Diskussionen. Oft kann sie schnell und wirksam helfen, indem sie mit Müttern und Vätern über die Ursachen der Störungen spricht und zeigt, wie man das Kind jetzt durch richtiges pädagogisches Verhalten heilen kann. Aus dieser langjährigen Erfahrung hat die Uelzener Psychagogin das vorliegende Buch geschrieben. Es erhebt nicht den Anspruch, alle möglichen Erziehungsprobleme erschöpfend zu behandeln, sondern es wählt aus nach Dringlichkeit und Aktualität. Die Beiträge sind von A–Z geordnet, so daß man in einer schwierigen Situation rasch Antwort findet.

Über die Autorin

Christa Meves, geboren 1925, Studium der Germanistik, Geographie und Philosophie an den Universitäten Breslau und Kiel, Staatsexamen in Hamburg, dort zusätzlich Studium der Psychologie, Psychagogen-Ausbildung an den Psychotherapeutischen Instituten Hannover und Göttingen. Freipraktizierend in Uelzen.

Christa Meves

Problemkinder brauchen Hilfe

ABC der Verhaltensstörungen für Eltern

Herderbücherei

Originalausgabe
erstmals veröffentlicht als Herder-Taschenbuch

Umschlagfoto: Günter Hildenhagen, Münster

Herder Freiburg · Basel · Wien
Herstellung: Freiburger Graphische Betriebe 1982
ISBN 3-451-07951-8

Inhalt

Einleitung

Kürzlich ging der Aufschrei des Lehrerkollegiums einer niedersächsischen Hauptschule durch die Tageszeitungen: „Es ist entwürdigend für uns Lehrer“, so hatten die Pädagogen zu Protokoll gegeben, „denn an ein echtes Unterrichten ist gar nicht mehr zu denken. Eine Mehrheit der Schüler besteht aus Störern, die wenigsten sind zu einer Mitarbeit im Unterricht bereit; die Schüler reden, reden, reden. Sie beschimpfen die Lehrer mit beleidigenden Äußerungen. Einige fehlen immer wieder ohne Entschuldigung, zu deutsch: sie schwänzen. Manche kommen betrunken zur Schule. Am Tage vor der Schulentlassung leerten sie auf dem Schulhof zahllose Flaschen Bier und zerschmetterten sie dann an der Wand der Turnhalle. Niemand kümmerte sich um den Scherbenhaufen. Ein erheblicher Prozentsatz muß die Schule verlassen, ohne einen Abschluß erreicht zu haben. Viele dieser Schüler können weder in der deutschen Sprache einigermaßen korrekt schreiben, noch rechnen. Wir werden mit den Problemen nicht mehr fertig.“

Und der kommentierende Redakteur fügt hinzu: „Es handelt sich nicht um ein regionales Einzelproblem. Ähnlich verzweifelt sind Hunderte von Lehrern und Eltern in der Bundesrepublik Deutschland.“

Die Generation der Problemkinder wächst heran. Sie sind Legion. Woran liegt's? Zum Teil gewiß daran, daß man ihnen jede Freiheit, jede ihnen gerade passende Art von Benehmen zubilligte. Die Antipädagogik ist ganz folgerichtig ein Wucherboden für jede Form von Unart, von Disziplinlosigkeit. Aber vielleicht ist diese Unbekömmlichkeit eines extrem liberalistischen Zeitgeistes keineswegs gefährlicher, sondern lediglich sichtbarer als ihr Gegenteil: die überdisziplinierte Haltung, wie sie den Kindern vor 50 Jahren eindressiert und abverlangt wurde? Das ist nicht sicher, aber es wäre immerhin denkbar; denn die Überdisziplinierung führte manchmal unterschwellig zu unbekömmlichen Drosselungen, die ebenfalls schädlich waren, wenn ihre negativen Folgen oft auch erst als Spätzünder im arrivierten Erwachsenenalter sichtbar wurden. Wenn wir es also bei der Jugend heute nur mit ein wenig überschäumender Ungebärdigkeit zu tun hätten, die das Leben dann wieder zurechtböge, so brauchten wir uns keine Sorgen zu machen. Oder läge die Ursache, wie manche nachdenkliche Zeitgenossen meinen, nur darin, daß die Problematisierung der Erziehung erst die Probleme hervorriefe, daß also die jungen Menschen durch das Übermaß der Beachtung, durch das Unsicherwerden ihrer Erzieher allein schwierig würden, so wäre auch dieses eine Erklärung, die uns zur Gelassenheit Anlaß gäbe; denn auch dergleichen künstliche Schaumberge pflegen an der Realität wieder in sich selbst zusammenzufallen.

Wären unsere modernen Probleme mit den Kindern lediglich von dieser Art – und es soll hier nicht ausgeschlossen werden, daß sie durch Beimischungen der eben genannten Verhaltensweisen der erziehenden Erwachsenen verstärkt werden können –, so brauchte dieses ABC der Verhaltensstörungen nicht geschrieben zu werden. Es lohnt sich nicht, etwas einer eingehenden Beschreibung und Beachtung zu unterziehen, was sich von selbst wieder zurechtrückt.

Die kinderpsychotherapeutische Praxis der vergangenen 20 Jahre hat aber gelehrt, daß viele der kleinen Auffälligkeiten und Schwierigkeiten der Kinder sich zu unbezwingbaren großen Problemen ausweiten können, wenn die jungen Menschen erwachsen werden. Denn manche Schwierigkeiten erweisen sich als die ersten Kennzeichen gehemmter Antriebe, die später als sogenannte Neurosen das Leben voller Beschwernisse machen. Die Anfangssymptome beachten, erkennen und auf sie reagieren, kann hingegen ermöglichen, späterem Lebensunglück entgegenzuwirken. Diesem Zweck möchte das „Kleine ABC der Verhaltensstörungen" dienen; denn häufig sind die Schwierigkeiten am Anfang durchaus noch von bemühten Eltern allein zu bewältigen. Keineswegs sind sie auch immer ein Zeichen dafür, daß die Eltern ihre Erziehungspflicht vernachlässigen oder erziehungsunfähig sind. Unsere Zeit hat unser Leben in einer neuen, unbewältigten Weise künstlich werden lassen, was unseren Kindern nicht bekommen kann. Es ist deshalb oft unangemessen, der einzelnen Mutter, dem einzelnen Vater dafür den schwarzen Peter der Schuld in die Schuhe zu schieben. Aber abgesehen davon, daß ein solches kopfschüttelndes Beschuldigen den Eltern häufig Unrecht tut, ist damit schließlich niemandem geholfen. Das gehört zwar zu unseren Verhaltensweisen: Wenn etwas ungeklärt Bedrohliches in Erscheinung tritt, gehen wir der Verursachung nach. Haben wir einen Schuldigen entdeckt, so tschilpen wir ihn aus, wie die Vögel die räuberische Katze und setzen uns zur Ruhe, ohne daß damit die Gefahr gebannt ist. Die Sündenbockhatz gehört in unser biologisches Repertoire, ist aber in den seltensten Fällen ein angemessenes Mittel zur konstruktiven Veränderung einer bedenklichen Situation. Besser ist es, die Gefahr nicht abzuschieben, sondern ihr rechtzeitig und wirksam zu begegnen. In einer solchen Situation befinden wir uns mit unseren Problemkindern. Das kleine ABC der Verhaltensstörungen möchte deshalb ein Wegweiser zum *rechtzeitigen* Erkennen und einem bewußten Begegnen von Erstsymptomen sein, um später nur schwer revidierbaren Schwierigkeiten vorzubeugen. Es geht in dieser Schrift also weniger um eine Beschreibung der vielfältigen Ursachen von Auffälligkeiten – dieser Aufgabe habe ich viele andere Arbeiten gewidmet* – sondern mehr um eine rechtzeitige Laientherapie. Beim Informieren über typische Schwierigkeiten und ihre Bewältigung sind mit Absicht diejenigen nicht berücksichtigt, die sich auf einem sehr individuellen Hintergrund aufbauen. Spezielle Probleme bedürfen einer speziellen Lösung, wie sie nur in einer Einzelberatung gefunden werden kann. Dazu ist oft mehr als elterliche Bemühung nötig, weil es nicht selbstverständlich ist, die tieferen Gründe der Nöte im Bewußtsein zu haben. In solchen Fällen bedarf es eher der speziell ausgebildeten Fachkraft oder eines Vorgehens, wie ich es im „ABC für Seelenhelfer“ (Herderbücherei 1979) dargestellt habe.

Darüber hinaus haben viele Schwierigkeiten von Kindern ihren Grund in den Eheschwierigkeiten ihrer Eltern oder in der Eheunfähigkeit eines oder beider Partner. Auch dieses weite

---

* Verhaltensstörungen bei Kindern, Piper Verlag, 6. Aufl. 1980; Die Schulnöte unserer Kinder, Gütersloher Verlagshaus, 7. Aufl. 1981; Erziehen lernen, bayerischer Schulbuchverlag, 6. Aufl. 1981.

Feld bleibt in dieser Schrift ausdrücklich unberücksichtigt. Wer hier Hilfe sucht und mit Nachdenklichkeit Schwierigkeiten begegnen möchte, möge zusätzlich das „Ehealphabet" (Herderbücherei, 18. Aufl. 1981) oder den kleinen Eheroman „Ich will mich ändern" (Herderbücherei 1981) zur Hand nehmen.

Unerwähnt bleiben auch jene körperlichen Störungen, die vornehmlich in die Hand des Mediziners bzw. des ärztlich ausgebildeten Psychotherapeuten gehören, wie zum Beispiel das Asthma bronchiale, Hautaffektionen, Ohnmachten, Lähmungen, die Colitis ulcerosa, Magengeschwüre, Zöliakie, die im Wachzustand auftretende Blasenschwäche und alle jene Verhaltensstörungen, die im Gefolge einer geistigen Behinderung auftreten.

Das ABC der Verhaltensstörungen wendet sich vor allem an die vielen bemühten, verantwortungsbewußten Eltern und Erzieher, die die Kraft, die Fähigkeit und die Bereitschaft haben, sich, wenn Schwierigkeiten und Auffälligkeiten im Verhalten ihrer Kinder in Erscheinung treten, in kluger Wachsamkeit rechtzeitig selbst zu helfen, wüßten sie nur – wie. Es will Anstöße zu einer Laientherapie geben, die die Anfänge von später gravierenden Störungen angemessen abwehrt. Es will zur Anwendung von ‚Hausmitteln' anregen, die die psychischen Weh-Wehchen vielleicht ohne fremde Hilfe beheben können; denn die Beratungsstelle mit den Fachleuten ist oft weit entfernt und hat jahrelange Wartezeiten. Man sollte sich dennoch dort anmelden, aber die Wartezeit nutzen und fleißig die ‚psychischen Halswickel' anlegen. Oft, so hat sich gezeigt, ist das Kind dann bereits gesund, wenn der Termin naht. Mein kleines ABC ist also Hilfe zur Selbsthilfe in der Not, ohne eine Laienkonkurrenz zu all den tüchtigen, fachkompetenten Institutionen aufbauen zu wollen. Man sollte sie in Anspruch nehmen, wenn die eigenen Kräfte und Einsichten nicht ausreichen. Aber der Versuch, sich mit Geduld, Eifer und Einsatzbereitschaft selbst zu helfen, kann oft sogar mehr leisten, als es einer noch so guten Anlaufstelle möglich sein kann; denn das allerwichtigste Heilmittel für die Seele ist kluge, selbstlose Liebe für den kleinen, doch so nahen Menschen.

A

Angst

Ein fünfjähriger Lockenkopf schaut mich mit schreckgeweiteten Augen vom Schoß seiner Mutter her an, als ich ins Zimmer trete. Dann wendet er unvermittelt den Kopf gegen ihre Brust, krallt sich mit beiden Händen an ihren Oberarmen fest und beginnt hemmungslos zu schluchzen. „Es ist nichts zu machen", sagt die Helferin, „er hat Angst, er kommt nicht mit ins Spielzimmer." „Ist das immer so?" frage ich die Mutter. „Ja", antwortet sie, „deswegen sind wir gekommen. Er hat schreckliche Angst vor allen ihm unbekannten erwachsenen Menschen. Wir können ihn nirgendwohin mitnehmen. Immer veranstaltet er das gleiche Drama. Bitte, helfen Sie uns! Wie soll das erst werden, wenn er zur Schule kommt? Nicht einmal mit dem Kindergarten war es zu schaffen. Peter verhält sich so, als sei jeder Erwachsene ein Riese, der ihn packen und verschlingen will. Und kein Kraut ist gegen diese Angst gewachsen." Peter leidet an freiflottierender Angst.

Mehr oder weniger erkennbar ist Angst das zentrale Phänomen, das am Anfang der meisten Kinderschwierigkeiten steht, die in diesem ABC beschrieben werden sollen. Angst ist die allgemeine Reaktionsform des Menschen auf Lebensbedrohung. Angst setzt reflektorisch ein und macht den Körper schlagartig bereit, sich, die Gefahr abwehrend, in Bewegung zu setzen, entweder durch Flucht oder durch Gegenangriff. Deswegen ist der akute Angstanfall an physiologischen Veränderungen ablesbar: am beschleunigten Herzschlag, am gesteigerten Blutdruck, am Erweitern der Blutgefäße, am Sich-weiten der Pupillen, am Zittern der (sprungbereiten) Muskulatur, manchmal auch an unwillkürlichen Ausscheidungen wie Schwitzen, Harnen oder Kotabsetzen. Angst und Aggression gehören ebenso zusammen, wie Angst und Depression. Der vitale

Mensch beantwortet Angst mit einer Bereitschaft zur Aggression, der seelisch oder körperlich schwache eher mit Flucht oder gar mit Totstellreflex in aussichtslos gelähmter Depression.

Angst hat der Mensch, solange er lebt. Es ist ihm nicht gegeben, sie abzuschaffen. Die sogenannte Schrecksekunde ist bei unvorbereitet eintretender Lebensbedrohung unabwendbar, wenn der Mensch auch eine Fülle von materiellen Maßnahmen, Techniken, von Übungsprogrammen, Ritualen und geistigen Hilfskonstruktionen erfunden hat und erfindet, um der Angst vor lebensbedrohlichen Gefahren zu begegnen. Da die Unruhe der Angst aber eine Gestimmtheit ist, die im Dienst der Lebenserhaltung durch Abwehr von Gefahr steht, hat sie eine viel zu konstruktive Funktion, als daß es auch nur wünschenswert wäre, sie total abzuschaffen. „In der Welt habt ihr Angst", sagt deshalb apodiktisch die Bibel.

Selten machen wir uns klar, daß bereits jedes Herz Angst kennt, das zu schlagen begonnen hat. Die pränatale Medizin hat es aber bewiesen. Bereits das ungeborene Kind beantwortet Lebensbedrohung mit Angst. Die Angst der Mutter wird berechtigterweise vom ungeborenen Kind als Lebensbedrohung erlebt und mit Angstreaktion beantwortet. Gewiß löst die Geburt Angst aus – lange, schwere, mit Sauerstoffmangel für das Kind verbundene Geburten sicher mehr als unkomplizierte Geburten und mit einer wenig geängstigten Mutter.

Das Ungünstige für den Menschen ist, daß schwere lebensbedrohliche Angst sich nicht unversehens löscht, sondern stattdessen fatalerweise reaktivierbar ist und nicht nur allein leichter auslösbar wird in einer ähnlichen lebensbedrohlichen Situation, sondern später bereits bei einer ähnlichen Empfindung, einem ähnlichen Geräusch, einem ähnlichen visuellen Eindruck „losgehen" kann, ohne daß ein neuer bedrohlicher Anlaß gegeben ist.

Diese Empfänglichkeit unseres Stammhirns für sogenannte bedingte Reflexe bewirkt die freiflottierende Angst, d.h. eine bei vielen Menschen zu niedrige Angstschwelle, die über das reale Maß der Antwort auf eine lebensbedrohliche Situation oft weit hinaus geht.

Aber unabhängig von diesem durch die hohe Lernfähigkeit des Menschen bewirkte Schicksal sind der Säugling und das Kleinkind, bedingt durch ihre Hilflosigkeit, potentiell besonders angstbereite Wesen, zumal das Gehirn des Menschen anfangs so wenig entfaltet ist, daß Beschwichtigungs- und Verarbeitungsmöglichkeiten seiner Angst ihm genauso wenig zur Verfügung stehen wie den Tieren. Er ist der Angst ohne rationale Abwehrmöglichkeit ausgeliefert. Diese Gegebenheit macht es aus, daß der Mensch in seiner ersten Lebenszeit am meisten störanfällig und verstörbar ist.

Die Ursache der Angst von Kindern, die aus diesem oder jenem Anlaß panisch reagieren und die wegen dieser Angstanfälle in die Praxis gebracht werden, ist nicht immer, selbst durch die sorgfältigste Anamnesenerhebung nicht, zweifelsfrei zu ergründen. Gelegentlich nur bei den Kindern heute erweist sich nach gründlicher Untersuchung, daß das Kind allein der Spiegel mütterlicher Ängstlichkeit ist. Gewiß gibt es das auch heute noch: Eine Mutter, die selbst so unsicher, so überbesorgt, so supergluckenhaft ist, daß das Kind dadurch gewissermaßen in Angst trainiert wurde, weil es einem Dauereinfluß mütterlicher Überbesorgtheit ausgesetzt war. Kinder dieser Art zeigen eine breitgefächerte Ängstlichkeit. Sie fürchten sich vor Gewitter ebenso wie vor nassen Füßen, vor Aufzügen und Rolltreppen ebenso wie vor Wasser und Kälte, vor „schwarzen Männern" und der Dunkelheit.

Aber im allgemeinen sind die Mütter heute sehr viel weniger überängstlich, als das noch vor 25 Jahren der Fall war. Die Angst, die Kindern heute Schwierigkeiten bereitet, ist meist sehr viel umschriebener und weist auf eine im Grunde berechtigte Angst hin, auf ein oft schon Jahre zurückliegendes ängstigendes Erlebnis, das durch eine Wiederholung erneuert oder durch einen bedingten Reflex belebt worden ist.

Bei Peter zum Beispiel war das in typischer Weise der Fall: Er hatte im Alter von neun Monaten mit einer akuten Virusinfektion ins Krankenhaus eingeliefert werden müssen und hatte dort nach komplizierten Untersuchungen zum Ausschluß einer Encephalitis drei Wochen verbringen müssen. Die Trennung von der Mutter löste eine langdauernde Unruhe, zunächst stundenlanges Schreien, dann apathisches Stillwerden aus, berichtet die Mutter. Peter habe nach der Rückkehr ins Elternhaus Mutter, Vater und die Geschwister nicht recht wiedererkannt, habe nicht mehr gekrabbelt und sich überhaupt erst allmählich aus seiner Starre gelöst. Danach sei er wieder das alte muntere Bürschchen geworden. Aber dann sei vor etwa einem Jahr eine Mandeloperation fällig geworden, deretwegen Peter erneut eine Woche lang in einer Klinik liegen mußte. Kurze Zeit danach sei die so übertriebene Ängstlichkeit aufgetreten. Das Kind habe eine panische Furcht, sich von der Mutter zu trennen – in einem Ausmaß, wie sie es bei keinem ihrer älteren Kinder je erlebt habe.

Wenn man Peters Vorgeschichte kennt und sich ein wenig mit den Ausdrucksweisen der Angst beschäftigt hat, nimmt das freilich nicht wunder. Verwunderlich ist es eher, daß es offenbar auch Kinder gibt, die bei ähnlichem Schicksal keine derart massiven Angstreaktionen zeigen. Bei vielen ist das sicher ein Zeichen dafür, daß ihre angeborene Angstbereitschaft nicht im gleichen Maße stark war, bei anderen, daß schon die Erlebnisse vor und bei der Geburt weniger ängstigend waren. Es kann aber auch sein – so haben die langfristigen Behandlungen angstverstörter Erwachsener immer wieder sichtbar gemacht –, daß die Verdrängungsdecke die erneuten Belastungen noch aushielt und erst bei einer späteren zusätzlichen ängstigenden Belastung einbrach. Denn das macht es aus, daß der Mensch nicht an einem Übermaß an Ängstigung, quasi an der Überbeanspruchung seiner fortgesetzt auf höchste Alarmstufe versetzte Physiologie zugrunde geht: Gegen überstrapazierende Ängstigung wächst dem Menschen ein Selbstschutz zu: der Mechanismus der Verdrängung. Nach dem Motto: „Nichts mehr sehen, nichts mehr hören, nichts mehr spüren“ setzt nach praktisch nicht mehr aushaltbarer, nicht aufhörender Ängstigung ein Mechanismus der Empfindungslosigkeit, der Gleichgültigkeit, der apathischen Dickfelligkeit ein, der vor überlastender Sensibilisierung des Nerven- und Kreislaufsystems schützt.

Es ist das Verdienst von Sigmund Freud und seines Schülers Harald Schultz-Hencke, herausgefunden zu haben, daß durch ein Übermaß an Verdrängung nicht nur bedenkliche Gehemmtheiten, sondern auch ein unausgeglichenes Weiterwachstum der Seele entstehen kann, so daß als negative Spätfolge Neurosen zum Ausbruch kommen können.

Das Bedenkliche ist nun, daß nicht nur Trennung von der Mutter und ärztliche Eingriffe von einem noch jungen Kind als Lebensbedrohung erlebt werden können, sondern daß Angst als ein Signal der Lebensgefährdung bei Säuglingen und Kleinkindern auch dann eintritt, wenn ihre berechtigten vitalen Erwartungen über längere Zeit unerfüllt bleiben. Der Säugling erwartet, gesättigt und gewärmt zu werden, er erwartet, bei der Pflege das immer gleiche Gesicht zu sehen –, er muß sich bald schon genug bewegen und selbstbehaupten können! Behinderung der vitalen Bedürfnisse jedenfalls löst Angst aus, die sich als Schreien und Bewegungsunruhe äußert. Führt das nicht zur Erfüllung des lebensnotwendigen Dranges, wird das Kind *nicht* „gestillt", wie unsere Sprache so schön sagt, so beginnt die Verdrängung ihr Werk. Deshalb ist die pomadige Artigkeit eines Kindes nicht einfach nur ein Zeichen von seelischer Gesundheit, deshalb gibt es eine so große Fülle von Verhaltensstörungen, die gewissermaßen Relikte der Angst oder Durchbrüche durch die Verdrängungsdecke darstellen, ohne daß die Umwelt – selbst die ärztliche meist nicht – den Zusammenhang der frischen Symptome mit der alten Angst erahnt. Wie vielfältig diese Symptome sind, wie wenig sie noch als Angst in Erscheinung treten, das soll in den folgenden Abschnitten dieses kleinen ABC's verdeutlicht werden.

Zunächst ist es wichtig, zu erkennen, daß es für die Eltern zwar lästig ist, wenn eine unrealistische Ängstlichkeit bei ihrem Kind hochschießt wie eine Stichflamme; aber der frühe offene Ausbruch vergangener existentieller Ängstigung bietet auch die Möglichkeit, die Angst zu verarbeiten, statt sie als ein latentes, entwicklungshinderndes Seelengeschwür weiter mit ins Leben hineinschleppen. Angst, so hat Freud gelehrt, sollte verarbeitet, statt verdrängt werden. Verarbeitete Angst kann ad acta gelegt werden, statt weiterzuschwelen.

Wie kann das geschehen? Als erstes: Erfassen der Zusammenhänge ist dazu die Voraussetzung. Es ist nicht nur im Sinne einer echten Sanierung unwirksam, nein, es ist schädlich, ein Kind, das schwere Angstsymptome zeigt, zu beschimpfen, als „feige Memme", als „Heulsuse", als „Angsthase" zu diffamieren und auszulachen. Brutales Eingreifen gar durch Prügel, Schläge oder Isolierungen bringen die Angst zum Sieden und lassen lediglich eine massive Verstärkung der Verdrängungsdecke entstehen. Hätte es in der Generation der Erwachsenen weniger Personen gegeben, die als Kinder „brav" geprügelt wurden – es gäbe gewiß weniger Depressionen, weniger psychosomatische Leiden; aber vielleicht hätte es dann auch keine Menschen gegeben, die bereit gewesen wären, KZ-Häscher zu werden. Jedenfalls sind die Folgen unübersehbar schädlich, nicht nur in der eben angedeuteten Form.

Ebenso wenig ist die entgegengesetzte Reaktionsweise der Erziehenden angebracht: Eine übertriebene Beachtung und eine übertriebene beschützende Reaktion. Es gehört zu den mißlichen Folgen unserer flexiblen Lernfähigkeit, daß wir die übergroß ausgebreiteten mütterlichen Flügel als so süß erleben, daß wir dann nicht wieder darunter hervor wollen, schon ganz und gar nicht, wenn wir von einer uns selbst nicht verstehbaren Angst immer wieder neu geradezu überflutet werden. Deshalb führt es nicht zum Erfolg, wenn man zum Beispiel Peter vor fremden Personen abschirmt, mit ihm nicht mehr das Haus verläßt, abends mit ihm zur gleichen Zeit und im gleichen Bett zur Ruhe geht und dem angstverstörten Kind gewissermaßen einen Dauerplatz an Mutters Brust einräumt. Dann geben wir der Angst einen positiven Sinn, sie wird für das Kind laut Fachsprache zu einem Gewinn, zu einem „sekundären Krankheitsgewinn“, und damit zu einem Gast, den es schließlich gar nicht mehr los zu werden wünscht. Auch auf diese Weise kann die entfaltungsmindernde Angst chronisch werden, ohne daß die Mutter primär die Angst verursacht hat. Sie hat lediglich für das Kind unangemessen darauf reagiert.

Angst verarbeiten hingegen und sie damit wirkungsvoll beseitigen, bedeutet anderes: Zunächst müssen Eltern und Kind die Angst als eine verständliche Reaktion des Kindes auf ein altes, vergessenes, mit Recht schwer ängstigendes Erlebnis begreifen lernen. Was wir einordnen, was wir durchschauen können, verliert seine Unheimlichkeit. Das nicht verstehbare Unheimliche erneuert und schürt die Angst. Es ist deshalb nötig, daß die Eltern nach Erklärungen auf die Suche gehen, wie sie in diesem Buch noch in vielfältiger Weise beschrieben werden sollen. Wie gesagt: Nicht nur ein Krankenhausaufenthalt, ein Unfall, eine Trennung von der Mutter, ein erschreckendes Ereignis sind geeignet, um Angst auszulösen. Schon das Durchschreien der Nächte im Babyzimmer der Wöchnerinnenstation, schon eine schwere Geburt oder eine lebensbedrohliche fetale Situation, etwa durch einen drohenden Abort oder eine mißglückte Abtreibung können das Ersttrauma der massiven Ängste sein.

So hat sich in der Praxis immer wieder ein Zusammenhang feststellen lassen zwischen einer schweren Geburt und der späteren Neigung, sich in geschlossenen Räumen tödlich zu fürchten. Zu früh geborene Kinder – besonders die nach künstlich eingeleiteter Geburt – neigen zu Angst vor weiten Plätzen, zu Treppenangst und Höhenschwindel. Und auch die Ängste vor Fahren im Fahrstuhl, im Flugzeug, durch Tunnel gehen wohl zum großen Teil auf Ängste zurück, die sich während der Geburt eingestanzt haben. Sogar der Widerwille, enge Kleidung zu tragen und sich Pullover über den Kopf streifen zu lassen, haben in erlebter Angst während des Geburtsvorgangs ihre Ursache*. Haben die Eltern herausgefunden, wo die Quelle der Angst zu finden ist, so muß das Kind zu hören bekommen, daß es einst, als es noch sehr klein und sehr dumm war, einen großen, großen Schreck bekommen hat und nun fürchtet, daß ihm noch einmal so etwas Unangenehmes geschehen könne. Aber so etwas ganz Banges könne gar nicht noch einmal kommen, denn jetzt sei das Kind bereits groß, *jetzt* könne es laufen, also auch weglaufen, jetzt sei es stark: es habe Hände, Arme, es habe Zähne, es könne sprechen. Jetzt könne sich das Kind wehren. Und es sei auch schon klug: es könne viele Dinge bereits verstehen, die in Wirklichkeit gar nicht so schlimm seien, die nur für das kleine Kind so ausgeschaut hätten.

Peter zum Beispiel sollten die Mutter oder der Vater erklären: „Schau, damals mußtest du ins Krankenhaus, du hattest hohes Fieber und konntest gar nichts essen. Die Ärzte im Krankenhaus haben dich gesund gemacht. Aber du verstandest das damals noch nicht. Du erlebtest: ‚Nun geht es mir schon so schlecht, und nun ist Mama plötzlich weg, und nicht nur das: alles ist weg, mein Bett, die anderen Kinder, alles, alles. Stattdessen kommen Riesen in weißen Anzügen und tun weh, schrecklich weh.‘ Du hast den lieben Doktor also nicht richtig verstehen können. Du hast ihn für einen ganz Schlimmen, Gefährlichen, Bösen gehalten. Und dabei waren er und seine Krankenschwestern eigentlich gut, eher etwas Ähnliches wie Engel, statt wie Menschenfresser. Siehst du, und beim zweiten Mal mußtest du im Krankenhaus eine sehr unangenehme Operation erleben – und da kam plötzlich in dir das Gefühl auf, daß fremde Menschen einen vielleicht auch totmachen könnten. Ist es da nicht ganz ver-

* Siehe auch Kruse, F.: Raumangst und Platzangst als geburtstraumatische Neurosen, Z. Kinderpsych. 7, 240–250 (1979).

ständlich, daß du jeden Doktor und nun bald auch schon jeden Fremden für böse hältst? Ich jedenfalls hätte bestimmt genauso solche Angst wie du, wenn ich als Baby so etwas erlebt hätte, Vater gewiß erst recht. Aber weil wir das nun wissen, daß es alte Angst ist, die da wieder aus dir herausgeschossen kommt, und weil du nun schon groß und verständig bist, werden wir damit bestimmt auch fertig. Wir machen uns jetzt ein Programm: Jeden Tag wollen wir uns ein bißchen mehr an fremde Menschen gewöhnen, wir zusammen. Zuerst nehme ich dich nur mit an die Haustür, wenn es draußen geklingelt hat. Du brauchst aber nicht hervorzukommen. Du stehst unsichtbar hinter mir. Ich ziehe mir dazu extra meinen weiten, langen Rock an. Du wirst sehen: Schon übermorgen wirst du keine Angst mehr haben, wenn ich mit dem Briefträger, einem Zeitungsverkäufer oder einem Kassierer spreche. Und dann sehen wir weiter. Das ist ein fabelhaftes Spiel, es macht großen Spaß, und es gibt dabei auch richtige kleine Belohnungen."

Das Konzept, das ich hier in seiner Konkretion beschreibe, beruht auf der Praxis der Verhaltenstherapie. Sie fußt auf der Erkenntnis, daß sich negativ besetzte, falsch gelernte Eindrücke in kleinen Schritten abgewöhnen, „umkonditionieren" lassen. Das ist eine gute wirksame therapeutische Erfahrung, die sich freilich umso besser bewährt, je mehr sich der Helfer am Anfang darum bemüht, dem Kind ein verstehendes Einordnen seiner Angst zu ermöglichen. Kinder pflegen bei solchen „Spielen" begeistert mitzumachen, besonders wenn die Belohnung durch ein Gummibärchen oder dergleichen regelmäßig als positive Verstärkung eingesetzt wird. Dabei ist es natürlich sinnvoll, sich, so weit es irgend geht, an die eigentliche Verursachung der Angst heranzutasten und daraus möglichst gezielte Konsequenzen abzuleiten.

So beruht zum Beispiel die sogenannte „Wasserscheu" auf der Angst, mit dem Kopf unter Wasser zu geraten, weil vor oder während der Geburt eine Zeitlang die Gefahr bestand, im Wasser zugrunde zu gehen. Es ist außerordentlich hilfreich, vor dem Schwimmenlernen mit Hilfe eines Erwachsenen ein lustvolles Eintauchen des Kopfes in der Badewanne schrittweise einzuüben. Wenn dem Kind, ähnlich wie Peter, erklärt worden ist, worum es sich hier handelt, stellt sich der Erfolg meist rasch ein.

Im übrigen praktizieren viele Kinder in Eigenregie Verhaltenstherapie zur Verarbeitung ihrer Geburtsängste, indem sie sich Höhlen und Tunnel bauen, in Zelten und Baumhöhlen verschwinden, sich vermummen und einigeln. Generell neigen Kinder zu spielerischen Selbstheilungsversuchen. Sie gelingen umso wirkungsvoller, je mehr die Erwachsenen verstehen, was geschieht und den älteren Kindern durch ein ermunterndes Interpretieren im eben beschriebenen Sinne behilflich sind. Ist die gemutmaßte Ursachentheorie von der Wahrheit der Verursachung zu weit entfernt, so ist die Erfolgschance geringer. In den folgenden Kapiteln wird noch von mancher, in der Praxis häufiger auftretenden Verursachung von Angst die Rede sein. Oft kann auch ein differentialdiagnostisches Gespräch und eine testpsychologische Untersuchung durch einen Fachmann schlagartig Erhellung aller Mutmaßungen bringen und wirksame Reaktionsmöglichkeiten der Umwelt einleiten.

B

Besitzstörungen

(Einkoten
Geiz, Sammelleidenschaft)

Der heute sechsjährige Markus war zweieinhalb Jahre alt, als er auf einen Schlag zwei Geschwister bekam: die Zwillinge Victor und Valerie. Wie sollte er mit so viel Konkurrenz mithalten? Die trat einfach zu massiv auf. Er hatte in den folgenden drei Jahren sehr viel weniger zu melden. Mutter beanspruchten sie voll, Großmutter und die Tanten überschlugen sich vor Begeisterung. Markus fühlte sich nicht nur in die Ecke gedrängt, er war es auch. Aber dann blieb der Familie nichts anderes übrig, als sich doch wieder mehr dem Ältesten zuzuwenden. Er, der gerade schon im Begriff gewesen war, das große Geschäft auf der Toilette zu erledigen, machte nun regelmäßig wieder die Höschen schmutzig. Mit Recht war die Mutter darüber verärgert. Hatte sie mit der Windelei der Zwillinge nicht schon Arbeit genug? Sie erkannte aber bald, daß weder ihr Schimpfen noch ihr kräftiges Klapsen auf den frisch gesäuberten Po irgendwelche Erfolge zeitigten. Sie mußte sich mit dem mittlerweile bald Vierjährigen wohl direkt erneut um die Sauberkeitserziehung bemühen. Aber auch dieses Bemühen endete im Desaster. Je öfter sie Markus zur Toilette schickte, je länger sie ihn zwang, dort zu verharren, umso weniger stellte sich der gewünschte Erfolg ein. Manchmal blieb der Junge über zwei, drei, ja schließlich sogar über vier Tage ohne Stuhlgang und inszenierte dann unversehens eine fürchterliche stinkende Ferkelei, die die Geruchsorgane der ästhetischen Familie jeweils dramatisch peinigte. Auch Vater schritt zur Aktion und versohlte seinem unmännlichen Stammhalter den Hintern. Ein vorübergehender Erfolg zwei, drei Tage lang stellte sich ein; danach das gleiche Lied. Der bereits immer wieder konsultierte Hausarzt, der leichte Abführmittel gegen die „Verstopfung“ verordnet hatte, riet zu klinischer Beobachtung. Im Krankenhaus stellte man fest, daß das Kind ohne krankhafte Befunde sei; er blieb dort auch manierlich. Aber kaum war er daheim, so setzte das alte Leiden wieder ein.

Was fehlt Markus? Bei der Erhebung der Vorgeschichte zeigt sich eine weitere Eigenart, die scheinbar mit Markus' Schwierigkeit nichts zu tun hat. Markus ist ein notorischer Sammler. Er sammelt gewissermaßen alles, was ihm unterkommt. Er besitzt einen Karton mit Steinen, einen mit Muscheln, einen mit kleinen Rennautos, einen mit Playmobilmännchen. Jüngst hat er bereits den Wert des Geldes entdeckt – aber nicht um etwas auszugeben: Er hat sich eine Spardose zugelegt, in der jeder geschenkte Groschen unwiderruflich verschwindet. Ja, Markus reagiert mit panischem Wutgeschrei, wenn man auch nur ein winziges Stücklein seines wertlosen Plunders an sich nimmt.

Aber für Markus ist der „Plunder" eben nicht wertlos. Er ist für ihn so etwas wie ein unbewußter Selbstheilungsversuch gegen die Angst, auf deren Boden auch Verstopfung und Einkoten entstanden: auf der Angst vor weiterem, nicht mehr ertragbarem, existenzgefährdendem Besitzverlust. Der eigentliche Besitzverlust, der Markus traf, als er zum Abgeben noch nicht stark genug war, ist vor drei Jahren seine Mutter gewesen. Er mußte sie abgeben an die Zwillinge, zu einem Zeitpunkt, als er gerade lernen sollte, selbständig seinen Stuhlgang in die Toilette abzugeben. Und das wurde nun in seiner bedrängten Situation von ihm als Besitzverlust erlebt.

Etwas abzugeben ist für den Menschen nicht selbstverständlich. Im Rohzustand ist er vielmehr vom „Stamme Nimm". Er muß erst einnehmen, er muß erst behalten, ehe seine Lebenskraft so viel Überschuß enthält, daß von ihr an andere verteilt werden kann. Jeder schwache Mensch strebt danach, einzunehmen und zu behalten, weil daraus das Gefühl lebensnotwendiger existentieller Sicherheit erwächst. Deshalb ist das Streben nach Besitz eines der urtümlichsten Strebungen des Menschen – Strebungen, die keineswegs durch irgendwelche Gesellschaftsformen zu Unterdrückungszwecken ausgedacht worden sind, sondern die sich mit Macht Gehör verschaffen, meist noch ehe der Mensch aus den Windeln heraus ist. Kinder, in denen durch die Umgangsweise mit ihnen der Eindruck entsteht: „Ich habe kein Recht, etwas zu haben und zu behalten, ich müßte es eigentlich haben, aber mir gesteht man das nicht zu" entwickeln deshalb unwillkürlich Abwehrmechanismen gegen ihre Habe-nichts-Gefühle; sie halten zurück, was sich zurückhalten läßt, sie machen sammelnd Haufen, um das Gefühl, Besitz zu haben, zu stärken. Die Angst, mehr abgeben zu müssen, als man vor seiner besitzarmen Seele verantworten kann, ist deshalb die Ursache übersteigerter Zurückhaltungstendenzen im Verhalten von Kindern.

Das Einkoten ist deshalb nicht einfach ein Zeichen von Nachlässigkeit und Lernabwehr. Es ist lediglich das Ergebnis eines verlorenen Kampfes. Eigentlich will das Kind den Darminhalt total be-halten. Die Angst vor der Abgabe steht hinter der Bemühung des Kindes, den Stuhl zurückzuhalten. Aber irgendwann – und schon ganz und gar unter dem Gegendruck abführender Medikamente gegen eine Verstopfung, die im Grunde gar nicht besteht – zieht der unbewußte Wunsch, die Lebenssubstanz bei sich behalten zu müssen, den kürzeren, und der Stuhldrang schafft sich gebieterisch Geltung. Der Hintergrund der sogenannten *Enkopresis,* des Einkotens, besteht also in einer Besitzverlustangst*. Erkennt man diesen Hintergrund, so ist es im Kleinkindalter relativ einfach, das anstößige Symptom zu beseitigen – aber mehr als das: durch ein Verstehen des Kindes zu verhindern, daß sich die Charakterneurose eines habgierigen Geizhalses entwickelt.

Ich pflege bei Kindern, die Nöte dieser Art zeigen, die Mütter zu veranlassen, mit ihnen gemeinsam einen Geheimschatz anzulegen, eine Schachtel mit Deckel, am besten aus goldfarbenem Blech, Messing oder anderem kostbar-festlich wirkendem Material, das unter der Bettmatratze aufbewahrt wird. Mutter und Kind allein wissen um das Vorhandensein des Schatzkästleins und dürfen hineinschauen. Ist die Frucht, die Näscherei, das Spielzeugauto oder sonst eine winzige Gabe von dem Kind entnommen, so füllt die Mutter es wieder auf, damit der Reichtum des Kindes gesichert bleibt. Natürlich darf das Kind niemandem etwas von diesem Geheimnis verraten. Das ist bei zurückhaltenden Kindern keine Überforderung: Sie sind geradezu geheimnissüchtig und haben eben deshalb gar kein ausgeprägtes Mitteilungsbedürfnis. Ihre auch verbale Zurückhaltung schützt sie vor schwatzhaftem Ausplaudern. Wenn man zudem für diese Ak-

---

* Siehe auch: Keilbach, H.: Untersuchungen an acht Kindern mit der Hauptsymptomatik Einkoten. 4 (117–127), 1977.

tion eine Erklärung abgegeben und dem Kind verdeutlicht hat, daß Mutter jetzt versteht, warum Markus sich so schwer tut mit dem Gang zur Toilette, daß er nämlich auch etwas Schönes haben und behalten wolle, entwickeln die Kinder, wenn das Programm einige Tage gelaufen ist, häufig von selbst den Wunsch, auf die Toilette zu gehen. Dieser Wunsch sollte von der Mutter mit Freude Beachtung finden, und sie sollte dem Kind auf seinem Gang zur Toilette etwas Lohnendes mitgeben – ein Zweipfennigstück in die linke und ein Toffee von Katje in die rechte Hand. BEVOR die dem Kind so schwer fallende Abgabe erfolgt, sollte es den Lohn greifbar in den Händen halten. Schwierigkeiten gibt es dann erfahrungsgemäß bald nicht mehr.

Bemüht sich das Kind vergeblich, so sollte dies bereits mit dem Toffee belohnt werden und das Zweipfennigstück an einen Extraort hoch oben im Schrank zurückgelegt werden, von wo es sofort bei erneutem Versuch, angereichert durch eine eßbare Gabe, hervorgeholt wird. Das heißt: Bereits die *freiwillige Bemühung* des Kindes wird belohnt. Es ist hingegen falsch, dem Kind die Gabe nur zu versprechen. Es muß vorerst besitzsatt sein, ehe es abgabefähig werden kann. Deshalb ist der Vorschuß so wichtig, um ein Kind von seiner Besitzstörung zu heilen. Dabei ist es natürlich notwendig, daß die kleine Gabe eine Besonderheit ist, eine Sache, die nicht täglich ohnehin auf dem Tisch des Hauses herumliegt. Es ist auch nicht im mindesten nötig, daß es sich bei den Gaben fürs Geheimfach um Näschereien handelt. Winzige Ausgefallenheiten aus der Spielwelt, vom reitendem Ritter bis zum Kuhglöckchen, vom Kreisel bis zum Wurfpfeil sind denkbar, selbstgebastelte Dinge eingeschlossen. Je einfallsreicher die Nachlieferungen für den Geheimschatz gestaltet werden, umso erfolgreicher ist die für Mutter und Kind gleichermaßen erlösende Wirkung der kleinen Therapie. Dabei muß den Erziehenden im Bewußtsein bleiben: Es kann nicht allein darauf ankommen, ein wirksames Rezeptchen einzusetzen. Wenn es helfen soll, so muß eine einfühlsame, nun tiefer verstehende Zuwendung zu dem gestörten Kind erfolgen. Nicht zuletzt die Tatsache, daß das Kind noch zu schwach war, die Konkurrenz nachgeborener Geschwister auszuhalten, darf als primäre Ursache der Besitzverlustnöte nicht aus dem Auge verloren werden. In einem späteren Kapitel soll ausführlich dargelegt werden, auf welche Weise eine so häufig in Erscheinung tretende Geschwistereifersucht gemildert werden kann (s. S. 92).

Verunsicherungen im Besitzbedürfnis äußern sich nun freilich keineswegs immer in einer Schwierigkeit um die Ausscheidung. Sie können auch nur als Sammelleidenschaft, als Geiz, als Wortkargheit, ja in besonders schlimmen Formen auch durch eine extreme Gehemmtheit zum Ausdruck kommen: daß es dem Menschen nicht mehr möglich ist, etwas für sich zu behalten. Er gibt dann überströmend mehr als er hat, oder er reagiert mit einer gefährlichen Neigung zu chronisch werdenden Durchfällen. Menschen, die ihr berechtigtes vitales Bedürfnis nach Besitz auf dem Boden einer frühkindlichen Dressur zu permanenter Abgabe eine sog. retentive Gehemmtheit erworben haben, sind später in der Gefahr, oft lebensgefährlich zu erkranken, an reaktiven Depressionen, an einer Colitis ulcerosa, an einer übertriebenen Helferhaltung, die im Grunde voll Angst auf die einzunehmenden Gegengeschenke hofft und mit feindseliger Aggressivität antwortet, wenn sie nicht in der erwarteten Weise eintreffen.

Da wir – auch noch in unserer Zeit – eine ambivalente Beziehung zum Besitz haben, da das vitale Besitzbedürfnis im Zeitalter des Sozialismus dem Menschen ebenso abgesprochen wird, wie in der Christus unangemessen interpretierenden Morallehre der Kirchen des vergangenen Jahrhunderts, tun wir uns immer noch schwer, dem seelisch schwachen Kind eine gesunde Entfaltung seines vitalen Besitztriebes zuzubilligen. Aber nur aus einem fröhlich zum Eigentum drängenden und sein Eigentum hütenden Kleinkind kann ein Erwachsener werden, der zu einem ihm angemessenen, sich nicht selbst überfordernden Altruismus heranreift. Geknebelte, abgeschnürte, gehemmte Natur bricht sich ähnlich unangemessen Bahn, wie der Stuhldrang des kleinen Markus.

C

Clownerie

Andreas ist in seiner Klasse unbeliebt. Obgleich er ein flinkes Bürschchen ist, ja obgleich er sich rege am Unterricht beteiligt, kann er keine Freunde finden. „Er ist vorlaut“, sagt die Lehrerin, „er läßt den anderen nicht ein einziges Mal den Vortritt, er schreit gewissermaßen lauthals unentwegt Kikeriki. Ich muß ihn immerzu bremsen.“

„Den Andreas mag ich nicht“, sagt der gleichaltrige Nachbarjunge, „er gibt so an. Immer will er der Erste und der Beste sein. Früher hab’ ich ja öfter mal mit ihm gespielt; aber immer lacht er mich aus, wenn ich irgend ’was nicht habe, was er hat, wenn ich bei einem Spiel verloren hab’ – oder so.“

„Andreas ist gemein,“ sagt seine Kindergartenfreundin Eva, „mit dem geb’ ich mich nicht mehr ab, seit ich zur Schule gehe. Er mogelt beim Spielen, um zu gewinnen. Einmal hat er mir sogar ein Bein gestellt, als ich von der Lehrerin gelobt worden war. Der kann mir gestohlen bleiben.“

„Unser Andreas ist maßlos geltungssüchtig“, sagt die Mutter, „Wir duken und duken ihn, aber er bessert sich nicht. Jetzt ist er in der Schule bereits gänzlich isoliert, und eigentlich ist er auch bei uns in der Familie schon lange das schwarze Schaf. Alle, mein Mann und seine Brüder können sein Gehabe einfach nicht aushalten. Er nervt sie. Mehrere Male am Tag bekommt er zu hören: ‚Gockel nicht so!‘ Oft“, klagt die Mutter weiter, „geht dieses Verhalten in eine alberne Kasperei über. Aber damit hat er schließlich noch am meisten Erfolg; denn er hat ganz witzige Einfälle, imitiert einen Erwachsenen, schauspielert Gestelztheit und Würde, schwätzt altklug daher. Das erregt dann schließlich doch Aufmerksamkeit und bringt uns zum Lachen. Am besten wäre es, er ginge als Clown zum Zirkus; da gehörte er noch am ehesten hin.“

Die Familie und die Klassengemeinschaft sind mit Andreas in einen gefährlichen Teufelskreis geraten. Andreas möchte sich hervortun. Er möchte durch sein „Gegockel" nicht etwa nur die Aufmerksamkeit seiner Umwelt, sondern deren Anerkennung gewinnen. Er ist dabei in eine Sackgasse geraten; denn zunächst hat er die Erfahrung gemacht: „Wenn ich mich in den Vordergrund drängele, wenn ich ein kasperndes Feuerwerk inszeniere, dann beachtet man mich, dann lacht man, dann stehe ich plötzlich im Mittelpunkt." „Und das ist es", so sagt die nach Anerkennung lechzende Seele, ohne daß es Andreas bewußt wird, „was ich brauche. So muß ich weiter machen!"

Er verstärkt also seine Bemühungen, und zwar umso mehr als er erlebt, daß sie nicht ausreichen, so anerkannt zu werden, wie er es nötig hätte. Aber je mehr er seinem kleinen Lebensschiff das Kommando gibt: Alle Kraft voraus! Je höher die Bugwelle aufschäumt, umso mehr hat er zwar kurzfristige Lacherfolge, aber dauerhaft nichts als elende Mißerfolge. Ja, er gerät quasi ins Out – zu Hause und in der Schule; denn gerade die bewährten Erzieher hier wie dort sagen sich: Der kleine Angeber muß gedeckelt werden! Erkennte man nur, daß der geltungssüchtige Andreas nicht auf dem Boden einer überzogenen Selbstsicherheit seine Clownerien veranstaltet, nicht weil er mehr, sondern weniger als seine Klassenkameraden und Geschwister an sich glaubt. „Wer angibt, hat's nötig!", sagt der Volksmund zu Recht.

Die Klassenclowns haben in der Tiefe ihrer Seele einen Minderwertigkeitskomplex. Sie glauben nicht, daß sie etwas taugen. Und auf dem Weg, den sie eingeschlagen haben, können sie ihre Meinung über sich selbst auch nicht durch echte Erfolge entschärfen. Der Versuch zum Ausgleich des seelischen Schwächegefühles bewirkt zwar Momentapplaus, aber keine ausgeglichene Ich-Stärke. Und weil das so ist, ist die Bemühung der Erwachsenen, den vorlauten Schreier in Reih und Glied zu bringen, eine ebenso unwirksame Gegenmaßnahme, wie die des Kindes, durch Clownerie beliebt zu werden.

Nötig ist es vielmehr, diese Zusammenhänge zu durchschauen und das Kind nicht beim Clownen, wohl aber bei sozialen, bei konstruktiv schöpferischen und bei erarbeiteten Schulleistungen zu verstärken, d. h. also: das Kind nicht weniger, sondern mehr zu beachten, freilich gerade nicht beim „Gockeln". Die Familienmitglieder sollten dahingehend beraten werden, daß die geltungssüchtigen Kunststücke praktisch übersehen werden. Bei dem albernen Kaspern sollten sich die Zuschauer so rasch wie möglich unauffällig und schweigend (ohne herabsetzenden Kommentar) aus dem Staube machen.

Aber der zuhörende Andreas, der aufmerksame, der hilfsbereite, der selbstlose Andreas sollte lautes, freudiges Lob ernten. Oft beweist eine gründliche Erhebung der Vorgeschichte, daß das Kind von Anbeginn an wirklich weniger Anerkennung in der Familie bekam als seine Geschwister, oder daß ein besonders gravierendes, beschämendes Erlebnis den Minderwertigkeitskomplex ausgelöst hat. Manchmal handelt es sich auch lediglich um besonders sensible, intelligente und deshalb in vermehrter Weise zu Selbstkritik und Selbstverwerfen neigende Kinder. (Es ist sicher kein Zufall, daß sich so viele Dichter mehr oder weniger autobiographisch mit dem Phänomen der Clownerie beschäftigen.)*

Aber natürlich gibt es auch das Umgekehrte: etwa daß ein Einzelkind von den es umstehenden Erwachsenen wie ein kleiner Halbgott behandelt wurde, den man einerseits vergötterte, andererseits aber nicht hinreichend zur verteidigungsfähigen Selbstbehauptung erzog. Auch solche Kinder entwickeln dann gern einen Minderwertigkeitskomplex und bauen die Schaustellungen, mit denen sie daheim so viel Erfolg hatten, in einer die fremde Umwelt abstoßenden Weise aus.

Manchmal fühlen sich die kleinen Clowns auch in ihrer Geschlechtsrolle als Junge oder als Mädchen minderwertig, nicht selten, weil sie weniger akzeptiert wurden, als ein Geschwister des anderen Geschlechts. Gelegentlich sind sehr unbewußte, nur untergründig wirksame Antipathien eines Elternteils dem Kind gegenüber die primäre Ursache dafür, daß es sich nicht als hinreichend anerkannt erlebt. Durch gemeinsames Nachdenken der Eltern über die Ursache der Minderwertigkeitsgefühle läßt sich mit dem Mut zur Ehrlichkeit doch manches zutage fördern, was das Verhalten des kleinen Clowns erklärt und die dahinter liegende Furcht, sich in den Augen der Familie wertlos zu fühlen,

* Sartre, J. P.: Die Wörter, Hamburg 1965, Böll, H.: Ansichten eines Clowns, Berlin 1969; Mann, T.: Bekenntnisse des Hochstaplers Felix Krull, Stockholm 1939.

begründet. Einsicht ist bei diesem subtilen Problem auch bereits der erste Schritt zur Besserung.

Bei Markus ergab sich, daß die Mutter den Vierjährigen einmal beim Doktorspielen mit seiner Kindergartenfreundin erwischt hatte. Seitdem hatte sich in ihr die Angst festgesetzt, daß er den Charakter eines Onkels geerbt haben könnte, der vor Jahren wegen Exhibitionismus eine Gefängnisstrafe verbüßt und viel Beschämung über die bekannte Familie in einer Kleinstadt hervorgerufen hatte. Diese Furcht hatte sie in eine große Distanz zu Markus gebracht, die für den kleinen Sohn unbekömmlich gewesen war. Eine Information der Mutter über die tragische, milieubedingte Ursache des Exhibitionismus, eine Aufklärung über den Sinn des Doktorspiels als altersentsprechende, „normale" Kinderneugier war geeignet, den Riß zu heilen und die eigentliche gute Beziehung zwischen Mutter und Kind wieder herzustellen. Die Aufklärung über den verursachenden Hintergrund und eine Bemühung um Anerkennung des Kindes am rechten Ort und zur rechten Zeit konnten eine Beruhigung der Kinderseele erwirken und damit verhindern, daß die große Zahl ewig ungesättigter geltungssüchtiger Männer um ein weiteres Exemplar dieser die Lebenserfüllung mindernden Fehlentwicklung bei Zeiten eingeschränkt werden konnte.

D

Depression

(Fehlende Ausdauer, Selbstmordimpulse)

Gibt es depressive Kinder? Ihre Zahl in der Bundesrepublik ist nach meiner Schätzung unermeßlich groß; nur ist das für die Umwelt nicht so selbstverständlich durchschaubar. Depressive Kinder sind nicht traurig. Sie dämmern nicht wie depressive Erwachsene vor sich hin, sie weinen und klagen nicht wie diese. Die Depression von Kindern kommt nur sehr verdeckt, oft auch erst durch eine testpsychologische Untersuchung zum Vorschein. Dem Laien werden depressive Züge bei Kindern am ehesten durch ihre Spielunlust, später durch eine sich generalisierende Beschäftigungsunlust als eine ihnen unerklärliche Auffälligkeit sichtbar. Diese Kinder wirken träge, gleichzeitig oft schandmäulig patzig. Sie geben viel Anlaß zu Ärger und Schelte, wenn sie erst aus dem Kleinkindalter heraus sind; denn sie sind von aufreizender Dickfelligkeit. Sie kommen morgens nicht aus dem Bett und schaffen's abends nicht hinein. Sie schieben die notwendigen Arbeiten auf und vor sich hin. Sie sind nicht selten gefräßig und naschsüchtig. Sie rühren von sich aus keinen Finger. „Sie sind faul", seufzen deshalb auch die Eltern und sehen sich genötigt, den müden Gaul mit viel Antreiben zum Traben zu bringen. Der Fernsehapparat hat für diese Kinder eine magische Daueranziehungskraft. Sie können Nachmittag für Nachmittag bewegungslos vor dem Apparat sitzen.

Je älter die Kinder werden, umso renitenter werden viele von ihnen zudem. Sie geben unfreundliche Antworten, sind aber anhaltend beleidigt, wenn man es ihnen mit gleicher Münze heimzahlt. Manche der depressiven Kinder sind erschreckend wenig liebenswürdig, sondern von einem krötenhaften Egoismus. Nicht selten haben sie vielerlei große Wünsche und Pläne. Klavier wollen sie spielen oder Posaune. Im Ballett wollen sie tanzen. Eine Gitarre muß gekauft werden. Unbedingt wollen sie in diesen oder jenen Verein. Das Fahrrad, das Mofa wird nörgelnd ertrotzt; und dennoch werden die erbettelten Gegenstände rasch wieder beiseite gelegt, schon ganz und gar, wenn ihre Beherrschung stetige Übung voraussetzt. Freilich sind nicht alle depressiven Kinder gleichzeitig aufsässig. Es gibt, besonders unter den Mädchen, eine ganze Reihe, die betont brav, ja übergefügig sind, die allem und jedem versuchen, etwas zuliebe zu tun in einem frühreif wirkenden, unkindlichen Altruismus. Manche haben nur einen aufdrängenden, im Grunde liebeheischenden Blick und eine Freundlichkeit, die stumm gewissermaßen darum bettelt, zur Brust genommen zu werden.

Aber beiden Spielarten ist eines gemeinsam: Das depressive Kind gibt auf, ehe der Erfolg eintritt. Es hat zu wenig Ausdauer. Manchmal ist sogar die depressive Passivität noch nicht einmal manifest sichtbar. Sie wird vielmehr durch eine quirlige Unruhe, durch vielfältige Aktivitäten überdeckt, die aber eine gleichbleibende Stetigkeit meist ebenfalls vermissen lassen. Großer Anlauf und kleine Wirkung – das ist das typische Kennzeichen eines im Grunde antriebsgeminderten depressiven Kindes. Dabei ist diese Haltung meist das Ergebnis einer sehr frühen, sehr massiven Verdrängung von Existenzangst, wie sie im ersten Abschnitt beschrieben wurde. Bei der depressiven Struktur ist diese Angst aber nicht durch ein einmaliges Erlebnis hervorgerufen worden, sondern durch die Erfahrung, daß das angstvolle Schreien als Signal von Hunger und sich Verlassenfühlens viele, viele Male nicht zum Erfolg führte. Die Gleichgültigkeit des depressiven Kindes ist nicht eine angeborene Eigenschaft, sondern resignierte Reaktion, Verdrängung unverstehbarer Erfolglosigkeit bei der Meldung von Bedürftigkeit an die den Säugling pflegende Person. Die Vorstellung, durch Aktivität erfolgreich sein zu können, ist im Ansatz in einer gefährlich antriebsmindernden Weise zunichte gemacht worden und hat eine generelle Minderung der Mobilisierbarkeit des Willens zur Folge.

Wenn man diesen Hintergrund kennt, versteht man plötzlich auch, warum die fortgesetzten Antreibereien bei diesen Kindern so erfolglos sind, warum es nicht hilft, ihnen verbal einsichtig zu machen, wie wichtig es wäre, zum Beispiel mehr Antriebswillen und mehr Ausdauer zu entwickeln. Das Kind kann gar nicht wollen! Ja, man wird ihm durch die enttäuschenden, kopfschüttelnden Bemerkungen nicht nur nicht gerecht, sondern verstärkt das tiefe unbefriedigte Unbehagen, das die Antriebsschwäche hervorrief.

Viele Mütter und Väter in der Praxis antworten auf solche Aufklärung mit Recht: „Aber ohne Druck geht überhaupt nichts, dann bringt sie (oder er) gar nichts mehr." Das ist durchaus richtig. In einer laufenlassenden Erziehung verkommt ein depressives Kind oft völlig; denn es ist ja nicht im mindesten in der Lage, seine Freizeit zu nutzen. Ein depressives Kind braucht in der Tat ein großes Ausmaß an Mühewaltung. Freilich mangelt es bei den meisten Eltern depressiver Kinder daran nicht. In den selteneren Fällen sind die Rabeneltern, die ihre Brut rund um die Uhr vernächlässigen. Eher ist das Gegenteil der Fall: daß die Trägheit des Sprößlings die Eltern spätestens vom Schulalter ab beunruhigt und durchaus zur Beachtung der Schwierigkeit geführt hat. Das allein ist aber nicht genug. Sie muß zunächst einmal richtig als Not und nicht als Unwille des Kindes erkannt und ins elterliche Bewußtsein genommen sein. Die daraufhin einsetzenden Maßnahmen müssen das Ziel haben, dem Kind die fehlende Erfahrung zu vermitteln, daß „sich regen Segen bringt", daß Beharrlichkeit schließlich doch zum Erfolg führt. Es hat aber keinen Sinn, das zu *predigen*. Es muß in langer und geduldig nachholender Therapie neu eingeübt werden.

Am Beginn einer solchen Therapie durch die verantwortlichen Erwachsenen in der Umwelt des Kindes sollte die nachdenkliche Frage stehen, für welche Tätigkeit sich das Kind überhaupt noch ein bißchen interessiert. Bei ihr muß angesetzt werden. Oft sind das Beschäftigungsweisen, in denen ohnehin eine Möglichkeit zur Selbstheilung steckt. Das Unbewußte des Kindes hat dafür manchmal ein außerordentlich gutes Gespür. Viele depressive Kinder sind für *zweisame* Spiele zu begeistern, nicht nur für zweisame Brettspiele, von Mühle und Dame bis zu Malefiz und Mensch-ärgere-dich-nicht, sondern mehr noch für motorische zweisame Spiele, besonders Ballspiele, Tischtennis, Federball, Torschießen, Boccia und Krokett. Im allgemeinen bewähren sich aber am meisten die Spiele, in denen mit Hilfe eines Balles oder ähnlicher Gegenstände im *frontalen* Gegenüber miteinander gespielt wird. Die nachholende Wirksamkeit solcher therapeutischen Spiele besteht im Erleben der dualen Gemeinsamkeit, in diesem „Ich und Du – wir beide". Ein Erfahren dieser Art ist deshalb von so zentraler Wichtigkeit, weil die meisten dieser

Kinder ihre Depression dadurch erworben haben, daß ihnen am Lebensanfang zu wenig das Erlebnis zuteil wird, daß auf ihre „Aktion" vom betreuenden Erwachsenen mit einer Re-Aktion geantwortet wird. Das Erlebnis: Mein Gegenüber ist auf mich eingestellt, es antwortet auf meine Aufforderung – hat deshalb für die unbewußte Lebensbasis eine stärkende Wirkung. Es wird auf diese Weise Urkommunikation nachgeholt, die oft aus tragischen Gründen in der ersten Lebenszeit nicht in hinreichendem Maße erfolgt ist. Weil *diese* Bedürftigkeit gestillt wird, kann dann auch das Einüben einer Fertigkeit zusätzlich belebend wirken.

Wichtig ist, daß die Kommunikationsspiele zunächst nicht zu langfristig angesetzt werden. Das sieht praktisch etwa so aus: Man schenkt dem Kind zu seinem 8. Geburtstag (vor dieser Altersstufe ist das noch unangebracht; in der Altersstufe der Vier- bis Achtjährigen sollte man ähnliche Versuche mit einem gewöhnlichen, etwas größeren Gummiball praktizieren) ein Tischtennisspiel und übt mit ihm etwa zehn Minuten lang das sogenannte „Angeben". Dabei muß es gelobt werden, wenn es dem Kind gelingt, den Ball einmal über das Netz zu bekommen. Daß es den Ball zurückschlägt, wird nicht erwartet. Hat es den Ball fünfmal über das Netz geschlagen, erklärt man das Kind für erfolgreich und tüchtig. Das Tagesklassenziel ist erreicht. Man hört von sich aus auf. Allein wenn das Kind bittet, weiterzumachen, sollte man ihm ein Match für erneutes fünfmaliges „Angeben" zubilligen und sich gleichzeitig darüber freuen, daß es weiterspielen will und erfolgreich dabei ist. Erst am nächsten Tag sollte man ein Zurückschlagen des Balles als Gelegenheitstreffer als Erfolg buchen, das Spiel aber relativ kurzfristig gestalten und es etwa mit der stolzen Bemerkung „dreimal getroffen!" beenden. Freilich sollte man mit begeisterter Zustimmung reagieren, wenn das Kind die Bitte äußert, doch weiterzuspielen, und ihr unverzüglich nachkommen, freilich nur mit vorheriger Begrenzung: „Na, dann also noch bis zu drei Treffern!" Damit darf man fortfahren, wenn das Kind das verlangt, wobei der Erwachsene die Erfolge ausdrücklich jeweils neu erwähnen muß: „Jetzt hast Du schon fünfzehnmal getroffen! Das ist schon recht gut!" Wenn das Kind so weit fortgeschritten ist, daß es wettbewerbsfähig wird, sollte man das Spiel zunächst dennoch kurzfristiger gestalten, als es die Spielregel vorschreibt, nach dem Motto: Wer zuerst 5 Punkte hat (nicht 21!), hat verloren. Außer dem Erleben von Zweisamkeit ist das Einüben in ein nach Regeln geordnetes Verhalten dabei eine sehr notwendige therapeutischer Maßnahme. Kraft zu Verläßlichkeit, zu Ordnung, Treue und Fairness hat ihre Voraussetzung in der liebenden Zuwendung. Wichtig ist auch, daß man die ersten einübenden Schritte nicht etwa durch ein schon spielfähiges älteres Geschwister absolvieren läßt, sondern sich selbst bemüht. Ältere Geschwister sind als Nachhilfelehrer und Laientherapeuten in den allerseltensten Fällen brauchbar, selbst dann nicht, wenn sie einfühlsam und dem Jüngeren gegenüber liebevoll sind. Das depressive Kind hat längst die Erfahrung gemacht, daß die älteren „alles" besser machen, daß sie deren Konkurrenz nun einmal nicht gewachsen sind. Oft sind ältere Geschwister aus Angst, die jüngeren könnten ihnen den Rang ablaufen, auch hochnäsig herablassend und gouvernantenhaft streng. Das alles ist weniger als nichts, führt eher zu mehr Entmutigung, als zur Auflösung der apathischen Resignation.

Ein ermutigendes Lernen in kleinen, kurzgehaltenen Programmen, die auf Erfolge in kleinsten Schritten aus sind, sind natürlich nicht durch zehnminütiges Tischtennisspielen innerhalb von drei Wochen zu erreichen. Sie brauchen mehr Zeit! Zeigt sich, daß das Interesse an einem bestimmten Spiel trotz recht guter Fortschritte mehr und mehr erlahmt, sollte man mit keinem Wort in der alten Weise anzutreiben versuchen, sondern zu anderen Spielen übergehen, bei denen gemeinsam geübt und gelernt wird. Mindestens ein Jahr sollte man hier systematisch „am Ball bleiben", jedenfalls so lange, bis das Lebensschwungrad des Kindes sich von selbst zu drehen beginnt. Einem Kind, von dem erwartet wird, daß es die Eigenschaft geduldiger Beharrlichkeit entwickelt, muß zähe, unermüdliche Geduld geschenkt worden sein. Da in unserer Zeit des technischen Knopfdruckes unsere Kinder darin leider am Lebensanfang häufig zu kurz kommen, brauchen wir heute viel mehr Therapie als früher. Wenn wir das rechtzeitig erkennen und rechtzeitig zum Nachholen ansetzen, läßt sich der Schaden oft für alle Zeiten bereinigen. Am besten ist es, bei den so langfristig nötigen Bemühungen zu ertasten, ob das Erstarken am Erfolg nicht an Tätigkeiten möglich ist, die *beiden,* nicht nur dem Kind, sondern auch dem Erwachsenen Freude machen. Den Vorrang muß freilich ganz gewiß in den Anfangsphasen das noch vorhandene Interesse des *Kindes* haben. Die Spielwahl muß unbedingt altersgerecht sein, und die Hauptregel sollte grundsätzlich sein: Kleine, zunächst nur sehr, sehr winzige Anforderungen mit der Aussicht auf Erfolgserlebnisse nach kurzer Zeit der Anstrengung. Nur schrittweise darf hier gesteigert werden!

Es soll zum Schluß noch darauf hingewiesen werden, daß dieses Programm oft besonders gute Ergebnisse zeitigt, wenn sich der Laientherapeut und das depressive Kind auf das Kochen und Backen verlegen. Das ist besonders dann der Fall, wenn die unbewußte Haltung der Hoffnungslosigkeit sich dadurch angebahnt hat, daß dem Säugling keine Nahrung angeboten wurde, wenn er voll Hunger schrie, wenn er nicht satt wurde oder wenn ihm durch eine Anfangsschwierigkeit die Nahrungsaufnahme blockiert war, zum Beispiel beim Magenpförtnerkrampf. Sich Nahrung selbst zu erarbeiten und durch diese Eigentätigkeit satt zu werden, ist oft ein ganz direkter Weg, um eine elende Antriebsblockade zu lösen. Dabei muß auch hier natürlich der allergrößte Wert darauf gelegt werden, daß das Kind den Kochvorgang in seine eigene Regie nimmt und der Erwachsene lediglich als beratender und ein wenig mithelfender Begleiter fungiert.

Auch hier gilt: kleine Mengen, kurze Betätigungszeit, und zwar grundsätzlich zu einem Zeitpunkt, an dem nicht für einen anderen Menschen der Familie gekocht werden muß. Das Kind und der Erwachsene müssen *allein* in der Küche sein und die Früchte der Arbeit nur von den beiden Akteuren genossen werden. Das ist die Hauptbedingung, um mit diesem therapeutischen Programm erfolgreich zu sein. Die Gegebenheit, daß die Familie mehrere Kinder hat, braucht der Durchführung nicht entgegenzustehen. Man verlegt die Übung auf einen Zeitpunkt, an dem die anderen Geschwister nicht anwesend sind, oder man aktiviert – falls vorhanden – die Großmutter für dieses Programm. Besonders gut ist das möglich, wenn sie in der Nähe wohnt und ihr eine eigene Küche zur Verfügung steht. Im allgemeinen sind Mütter ohnehin findige Organisatoren und schaffen die Möglichkeit zu solchen Programmen, wenn sie die außerordentlich große Notwendigkeit erst einmal erkannt haben. Es ist auch nicht nötig, daß der immer gleiche Erwachsene das gesamte Programm gestaltet. Vater kann zum Beispiel das Torschießen übernehmen, eine hilfreiche Nachbarin das Kochen und Mutter schließt nach Ablauf einiger Wochen ein Bastelprogramm an. Man lasse sich nicht entmutigen, wenn an einzelnen Tagen nichts geht. Man sollte das Programm dann ohne negativen Kommentare abschließen und am nächsten Tag einen erneuten Versuch starten. Bleibt das Kind unwillig, so sollte man eine andere Form suchen. Es ist sinnvoll, mit einfallsreicher und horchbereiter Bemühung um die Aktivierung des Kindes bemüht zu sein. Denn mit der Reaktivierung ist gleichzeitig die Gefahr des späteren Ausbruchs einer manifesten neurotischen Depression gebannt.

Haben die Kinder erst einmal wieder die Möglichkeit gewonnen, Freude am Spielen zu haben und ihren kleinen täglichen Pflichten nachzukommen, so kann es therapeutisch nachhaltig sinnreich sein, dem Kind vom Grundschulalter ab ein Haustier als Gefährten zu schenken. Hunde oder Katzen bewähren sich am meisten. Auch ein Kaninchen oder ein Vogel kann von Wert sein. Die Betreuung eines eigenen Ponys oder Pferdes gar kann den letzten Ausläufern einer neurotischen Depression den Garaus machen. Wichtig ist es freilich, noch geschwächte Kinder nicht mit der Forderung zur hundertprozentigen Versorgung zu überfordern. Die Therapie – dem Kind Geborgenheit durch die Gemeinschaft, die Nähe, den Schutz des Tieres zu vermitteln – muß den Vorrang in der Tierhaltung behalten*.

Gelegentlich suchen Eltern mit ihrem Kind einen Psychotherapeuten aus einem Anlaß auf der sie mit Recht alarmiert; das Kind hat geäußert: „Ich habe überhaupt keine Lust mehr zu leben." „Am besten, ich bring' mich um." „Irgendwann findet ihr mich eines Morgens noch tot im Bett." „Wär ich doch bloß schon tot!" Oder im Affekt hinausstürmend: „So, jetzt bring' ich mich um." Oder „mich sehr ihr nie wieder!"

Solche Äußerungen können sehr unterschiedlichen Aussagewert und einen sehr unterschiedlichen Hintergrund haben. Er ist für Eltern nicht immer erkennbar, und deshalb ist eine Untersuchung durch einen Fachmann mit der Fragestellung: „Was be-

---

* Siehe Meves, C., Illies, J.: Geliebte Gefährten, Tiere als Hausgenossen, Herderbücherei 1981.

deutet diese Aussage und welche Konsequenzen müssen verantwortungsbewußte Eltern daraus ziehen?" von großem Wert.

Oft ist eine Äußerung oder ein Ausbruch dieser Art ein ernst zu nehmendes Signal. Nicht selten entlarvt sich so eine bisher unerkannte schwelende Depression. Jedenfalls, wenn das Kind lange vorher Verhaltensweisen gezeigt hat, wie sie in dieser Schrift beschrieben werden (S. 31ff, S. 43ff), sind Todeswünsche als eine Manifestationsweise der Depression zu verstehen und mindestens mit einem Programm intensiver dualer Kontaktbemühung (S. 33ff) zu antworten*.

Es ist aber auch möglich, daß ein Selbstmordwunsch quasi aus heiterem Himmel geäußert wird, aus einer akuten Verzweiflung heraus, im Anschluß an eine Unstimmigkeit, eine Auseinandersetzung, bei der das Kind den kürzeren gezogen hat oder sich ungerecht, falsch, entwürdigend behandelt fühlte.

Die Äußerung kann also der Ausdruck einer momentanen Verzweiflung sein, eine mehr oder weniger berechtigte, situationsbedingte Reaktion, die keinen anderen Aussagewert hat, als daß das Kind besonders gefühlsreich, empfindlich, exaltiert und erregbar ist, daß es nicht genug „Frustrationstoleranz" gegen Mißerfolge, gegen Angriffe und Kränkungen besitzt, oder daß die Selbstmorddrohung eine Reaktion auf ein pädagogisch ungeschicktes bis unangemessenes Verhalten seiner Erzieher war.

Sich Gedanken über die verzweifelte Äußerung des Kindes zunächst einmal gewissermaßen im stillen Kämmerlein per Selbstbefragung zu machen, ist notwendig und wertvoll. Es ist aber in den seltensten Fällen angezeigt, dem Kind die eigene tiefe Betroffenheit unverhohlen kundzutun.

Allzuleicht bekommt die Selbstmordäußerung den Charakter einer erpresserischen Drohung, wenn das Kind erlebt, daß es ihm damit gelingt, seine Eltern einzuschüchtern. Gerade Kinder, die in irgendeiner Weise ein seelisches Defizit haben, können dann für ihren Bemächtigungstrieb eine lustvolle Chance wittern, so daß ein exzessives Beachten der Selbstmorddrohung die Wiederholung geradezu herausfordert. Da die Motive dem Kind aber unbewußt sind, kann es Verzweiflung und Bemächtigungsabsicht nicht hinreichend genug unterscheiden, so daß

---

* Siehe auch: Löwnau, H. W.: Suicidale Tendenzen bei neurotischen Kindern und Jugendlichen, Z. Kinderpsych. 5,(165–168), 1970.

sich nicht nur die Neigung zur Erpressung, sondern auch die zur Verzweiflung verstärkt. Unangemessene, übertrieben geäußerte Beachtung des Selbstmordwunsches kann seine Durchführung geradezu heraufbeschwören, besonders wenn die dadurch hervorgerufene Verzweiflung der Eltern für das Kind verstehbar und zu einem „süßen“ Rachegedanken wird. Es war nicht unberechtigt, daß Freud seine Patienten nach einem mißglückten Selbstmordversuch fragte: „Wen wollten Sie denn in Wirklichkeit umbringen?“

Die Selbstmordäußerung muß also zwar faktisch sehr ernst genommen werden; aber die Reaktion der Eltern auf die Äußerung sollte in der direkten Konfrontation grundsätzlich so gelassen wie möglich sein. Kommt zum Beispiel das Kind aus der Schule und sagt: „Ich hab' wieder 'ne Sechs, nun kann ich mich nur noch vor'n Zug schmeißen“, dann sollte man nicht alles stehen und liegen lassen, Vater aus dem Dienst herantelefonieren, Großmutter herüber bitten und mit dem Kind eine tränenreiche Sofasitzung inszenieren. Man sollte vielmehr, ohne seine Tätigkeit zu unterbrechen, eher antworten: „Du, das ist ja scheußlich! Ich versteh', daß dich das wütend und traurig macht. Ich kenn' das auch: Wenn man verzweifelt ist, denkt man leicht einmal, daß das Leben keinen Sinn mehr hat. Das ist aber meist nur ein paar Tage so, manchmal auch nur Stunden. Durch die muß man durch. Danach merkt man, daß es so verzweiflungsvoll gar nicht ist, daß es doch einen Ausweg gibt. Eigentlich ist dazu die Schule gerade da, daß sie einem dabei hilft, sich darin einzuüben, eine Menge sehr unangenehmer Dinge zu ertragen. Davon wird man nämlich stärker. Nachher kannst du auch im Leben eine ganze Menge aushalten. Das ist wie beim Verlieren im Spiel: Man mag das überhaupt nicht, aber man kriegt auf diese Weise Seelenmuskeln – in dem Sinn ‚Was mich nicht umbringt, macht mich stärker‘. Ich guck' mir dein Heft mit an, wenn ich hier fertig bin. Sicher können wir zusammen 'was machen, daß das beim nächsten Mal besser wird.“

Wichtig ist zweierlei: Nicht die Verzweiflung, sondern das Ertragen von Unlust zu verstärken und gleichzeitig den Angeschlagenen mit seiner Verzweiflung anzunehmen und ihn innerlich nicht allein zu lassen.

Beim elterlichen Nachdenken über das Übermaß an Verzweiflung aus nicht objektiv verzweiflungsvollem Anlaß bei ihrem

Kind sollte die Frage nach einem lebenswichtigen Unlusttraining unbedingt mit erhoben werden; denn das ist generell eine Gefahr für unsere Kinder: daß das Leben im friedlichen Wohlstand zu wenig Abhärtung gegen Unlust bietet und daß dieser Mangel durch einen nicht frustrierenden Erziehungsstil zu weitgehend erhalten bleibt. Deshalb ist es im allgemeinen besser, einige Geschwister zu haben, die dafür sorgen, daß man nicht ohne Kümmernisse in Abrahams Schoß sitzt, deshalb ist es nötig, daß die Eltern den Kindern auch Einschränkungen auferlegen. In maßvoller Form praktiziert, sind sie nötig, damit die Kinder später nicht bereits von jeder Feder umpustbar sind. In diesem Sinne ist es auch wichtig, daß die Eltern nicht, kaum daß ihr Kind weint, hinzustürzen und die Quelle der Unlust für das leidende Menschlein ausräumen. Besser ist es, wenn das Kind sich selbst aufmacht, besser ist es, wenn die Eltern im Hintergrund bleiben und den Trost erst spenden, wenn das Kind ihn bei den Erwachsenen sucht. Vorschnelles Handeln mindert die notwendige seelische Abhärtung gegen das Ertragen von Unlust und kann die Schwelle für Verzweiflungen, die als nicht mehr ertragbar empfunden werden, herabsetzen. Grundsätzlich gilt: Großes Lamento über die Verzweiflung schwächt sie und die Verzweiflungsneigung nicht ab, sondern verstärkt sie.

Freilich gibt es auch dies: daß das Kind sich von seinen Eltern mit Recht falsch, uneinfühlsam, ungerecht, grob und lieblos behandelt fühlt, daß nicht nur das Kind selbst, sondern auch der elterliche Akteur erkennt: dieses war ein schwerer Verstoß gegen das Kind. Dann sollte das, nicht unmittelbar nach der Selbstmorddrohung, sondern einige Stunden später ein Schuldbekenntnis und eine Wiedergutmachungsaktion zur Folge haben. Man sollte sich aber von der Selbstmorddrohung ausdrücklich distanzieren nach dem Motto: „Du, das habe ich vorhin falsch gemacht. Ich sehe das ein; es war nicht richtig. Bitte nimm mir das nicht mehr übel. Ich habe mir etwas Schönes für uns beide ausgedacht, um dich wieder zu versöhnen. Aber das mache ich nicht, weil Du gesagt hast, du wolltest dich umbringen. Das war von *dir* nun wieder falsch. Man muß auch einmal etwas Unrechtes aushalten; das macht stärker. Es ist Quatsch, das Leben gleich in die Ecke schmeißen zu wollen, wenn es einmal nicht ganz so rosig ist. Dazu bist du viel zu kostbar, und das Leben wird meistens auch ganz schnell wieder schön. Wer sich umbringt, betrügt sich und ist vor allem selbst der Dumme. Das bringt gar nichts."

Es ist für Eltern wichtig, zu wissen, daß Lebens- und Schicksalshärte die Selbstmordneigung herabsetzt, Verwöhnung sie fördert, weil die Tragfähigkeit sich dann einschränkt. Daraus läßt sich aber nicht der Schluß ableiten, daß es zulässig wäre, Verzweiflung als unrealistisch zu diffamieren, sondern sich um eine Veränderung des Erziehungsstils zu bemühen. Eine Erhellung der Hintergründe für die Selbstmordneigung ist auf jeden Fall unerläßlich; denn es kann auch ganz anders sein: Nicht wenige Kinder fühlen sich lange in einer ihnen unerträglichen Weise als wertlos, als sündig, bevor der Gedanke an Selbstmord in ihnen aufsteigt. Das ist vor allem der Fall, wenn ihr Maßstab für „wert sein" unerreichbar hoch ist. Solche Kinder scheitern gewissermaßen an ihrem eigenen übertriebenen Anspruch auf Vollkommenheit. Ihre innere Kontrollfunktion ist derart übersteuert, daß ihre Lebenslust gewissermaßen eingekerkert, ja geradezu zugemauert erscheint. Mit diesen Kindern muß das von jedweder Leistung abgelöste Recht auf Leben neu eingeübt werden. Mit ihnen muß man leistungslose Ferien machen, bis sie begreifen, daß sie bereits um ihrer selbst willen geliebt werden und nicht allein dann, wenn sie etwas leisten. Das ist für die immer dazu gehörenden verantwortungsbewußten, leistungsbemühten Eltern ganz besonders schwer. Und doch hilft die ernst genommene Not des Kindes meist, die Erwachsenen selbst aus einer perfektionistischen Leistungsverkrampfung zu befreien, die auch ihnen zu gereifter Ausgeglichenheit zu verhelfen vermag.

In der Pubertät und Adoleszenz können sich die Selbstmordneigungen heute in unserem Kulturkreis dadurch zusätzlich noch verstärken, daß die Jugendlichen keine Antwort auf die Frage nach dem Sinn des Lebens finden. Nach dem Sinn zu fragen, gehört gewissermaßen zu den Aufgaben dieser Entwicklungsphase: Der Mensch ist daraufhin angelegt, seinen Lebensauftrag bewußt in Angriff zu nehmen. Es kann Selbstmordgedanken auslösen, wenn man über die Medien den Jugendlichen eingibt, daß es für sie keinen Lebenssinn gäbe, daß ihre Aussicht auf Zukunft, die Möglichkeit ein menschenwürdiges Leben in dieser Gesellschaft zu führen, allzu gering sei. Solche negativen Beeinflussungen sind unverantwortlich, weil sie latente Depressionen derart verstärken können, daß so eine selbstmordbereite Zukunftsmüdigkeit und Lebensfeindlichkeit geradezu heraufbeschworen wird. Indoktrinierte Lebensverweigerung dieser Art muß von bewußten Eltern so rechtzeitig wie möglich bekämpft werden. Die Jugendlichen müssen von ihren Eltern erfahren, daß es zu den generell üblichen Lebensvoraussetzungen gehört, nicht zu wissen, ob man Zukunft hat, daß das Leben grundsätzlich gefahrenreich ist und immer war und daß man dennoch Berechtigung zur Hoffnung hat: Jeder Baum hat bereits einen Lebensauftrag, jeder Mensch hat einen, wenn auch so viel differenzierter und schwerer zu erkennen. Jeder soll seine Begabungen entfalten und die Erde mitgestalten und entfalten helfen. Jeder hat eine, allen Menschen gemeinsame Hauptbegabung: die Liebe. Wer Liebe lebt und sich um Liebe bemüht, findet in unserer auf diesem Sektor unterentwickelten Welt für ihre Entfaltung jede Menge Betätigung. Von Planstellen ist die Bemühung um Liebe nicht abhängig. Liebe hat auch Zukunft. Sie steht viel zu wenig im Mittelpunkt unseres Lebens. Liebe lohnt sich selbst dann, wenn morgen die Welt untergeht, denn sie hat Ewigkeitswert. Wenn man Jugendliche erst einmal in der Ausrichtung nach dem Leuchtturm Liebe in Marsch gesetzt hat, braucht man nicht zu fürchten, daß die Verzweiflung lebenszerstörend nach ihnen zu greifen vermag; denn wer gebraucht wird, dringend, unersetzbar, bitter notwendig, der bringt sich nicht um! Freilich können Eltern mit diesem Versuch nur dann Erfolg haben, wenn sie diese Moral nicht nur predigen, sondern den Kindern durch deren Kindheit hindurch vorleben. Dann freilich wirken solche Erklärungen wie Erleuchtungen im wahrsten Sinne des Wortes, die es verhindern können, daß die Kinder, orientierungslos gemacht, im Finstern in die Sümpfe der mehr oder weniger lauten und leisen Verführer zur Lebensmüdigkeit stolpern.

E

Eßschwierigkeiten

(Eßunlust, Magersucht, Fettsucht, Bulimie)

Die Qualen, die Mütter ausstehen, wenn ihre Kinder chronisch schlechte Esser sind, werden von der Umwelt meist nicht hinreichend mitempfunden. Im Gegenteil: Die Mütter zarter, dünner, kleinwüchsiger Kinder werden mehr oder weniger als Rabenmütter eingestuft, und selbst die beratenden Ärzte neigen gelegentlich kopfschüttelnd dazu, bei den Müttern die Schuld für die Appetitlosigkeit eines Kindes zu suchen.

Dabei kommt es ziemlich selten vor, daß die Mütter durch Unvernunft und Übertreibung das Elend hervorgerufen haben. Das ist, untersucht man genau, meist selbst dann nicht der Fall, wenn das Verhalten der Mütter augenfälligerweise die Störung steigert. Die Tatsache, daß Kinder in einem großen Familienverband und in Heimen seltener unter chronischem Appetitmangel leiden, bedeutet genau dieses: daß eine liebevoll bemühte Mutter durch ein unwissendes Reagieren das Leiden u. U. nicht mindert, sondern verstärkt.

Deshalb möge niemand auf sie den ersten Stein werfen. Es ist so sehr verständlich, daß eine Mutter, zu deren pflegerischen Bedürfnissen es ohnehin gehört, das Kind zu füttern, alarmiert ihr Kind zum Essen zu bewegen versucht, wenn sie die Erfahrung macht: Es will und will nicht essen, nicht nur bei einer Mahlzeit, sondern auch bei der nächsten; es verliert an Gewicht, es wächst nicht mehr. Wie sollte eine natürliche Mutter darauf nicht mit Angst reagieren; denn sie *muß* doch ihr Kind füttern. Sie hat schließlich den Auftrag, diesen ihr anvertrauten Winzling durch gute Ernährung großzuziehen. Groß und stark soll er doch werden! Von dem instinktiven Drang der Mutter her ist es deshalb nur allzu verstehbar, daß sie die Mühewaltung vervielfacht, daß sie mehr anbietet, besseres anbietet, öfter anbietet. Leider aber zeitigt die verstärkte Bemühung häufig nur das Gegenteil von dem, was man sich erhofft: Das Kind verhärtet sich geradezu in der Eßverweigerung nach Suppenkaspermanier.

Unbedingt muß vor aller Therapie auch hier die Differentialdiagnose stehen. Oft ist es dem Arzt möglich, sie zu erstellen und die Grundkrankheit zu behandeln. Bei vielen körperlichen Erkrankungen ist die Appetitstörung sogar das einzige Signal. Fiebernde Kinder zum Beispiel haben in den seltensten Fällen Lust zu essen. Es wäre sogar falsch, sie dann zum Essen zu zwingen. Ihr Körper braucht leichte Nahrung und nimmt sie häufig überhaupt nur in flüssiger Form an.

Manchmal entsteht die Appetitstörung auch erst durch die Medikamente, die wegen einer Erkrankung verabreicht werden mußten; sie ist dann, ähnlich wie bei unangemessener Nahrungszufuhr, lediglich das Kennzeichen eines „verdorbenen Magens", d.h. einer Reizung der Magenschleimhaut, die nur durch geduldiges Mühen mit sanfter Nahrungszufuhr zu beseitigen ist.

In solchen Fällen ist es richtig, daß die Pflegenden die Appetitstörung wortlos akzeptieren und ohne viel Beachtung der Schwierigkeit dem Kind die erforderliche Diät ganz selbstverständlich verabreichen.

Es ist außerordentlich wichtig, um die Eßstörung nicht zu viele Worte zu machen und, falls das Kind selbst unglücklich ist, ihm zu verheißen, daß es schon bald wieder guten Appetit haben und mitessen können wird. Jede um das Kind zentralisierte Besorgtheit von Mutter, Ahne, Großahne und sonstiger Verwandtschaft kann bei Kindern, die sich vorher nicht genug beachtet fühlten, eine chronische sekundär psychogene Eßstörung zur Folge haben.

Es gibt aber auch dies: daß die Eßstörung das erste manifeste Symptom einer neurotischen Depression ist, die nur durch Zuwendung geheilt werden kann. Aber gerade dann vermeide man tunlichst die Beachtung der Appetitstörung. Ist der sekundäre Krankheitsgewinn durch Mutters Besorgtheit beim Essen erst einmal erzielt, so wird er zu einem Motor in eine die Krankheit verschlimmernde falsche Richtung. Zuwendung müssen dergleichen Kinder über Spielformen bekommen, wie sie im vorigen Kapitel beschrieben worden sind, auf gar keinen Fall über das Drängeln, Bitten, erzwungenes Füttern oder das Bereitstellen nur noch von Leckereien. Zwar ist es gewiß sinnvoll, dem appetitlosen Kind öfter die Nahrungsmittel anzubieten, die es besonders gern mag, aber dann unauffällig und am besten, ohne daraus einen herausstellenden Zustand zu machen. Auf diese Weise züchten wir das wählerische Kind, das Mutter dadurch tyrannisiert, daß es sie zwingt, über Jahre für es gesondert zu kochen, um einen Sonderstatus gegenüber den Geschwistern einzunehmen. Der Anspruch auf Verwöhnung kann dadurch bis ins Erwachsenenalter, ja bis in die eigene Ehe hineingetragen werden und dort zu unerträglichen Schwierigkeiten führen.

Viele Appetitstörungen moderner Kleinkinder beruhen darauf, daß die ersten Erfahrungen mit der Welt und speziell mit der Nahrungsaufnahme statt positiv ängstigend negativ waren. Der Einfluß solcher negativen Erlebnisse auf die positive oder negative Einstellung zur Welt wird heute im allgemeinen weit unterschätzt. Bei vielen chronisch schlecht essenden Kindern und solchen, die an einem azetonämischen Erbrechen leiden, läßt sich nachweisen, daß es bereits in der Säuglingszeit Gestörtheiten im Nahrungsbereich gab: Brechdurchfälle, die zum Austrocknen und zu Krankenhausaufenthalten führten, unerkannter Magenpförtnerkrampf, der bewirkte, daß der Säugling über Wochen zu wenig Nahrung bekam, Frühgeburt mit Brutkastenschicksal, Sondenernährung, Behinderung der Nahrungszufuhr durch Wolfsrachen, brutale Anweisungen zum nächtlichen Durchschreien des Neugeborenen – dies alles können Vorprägungen zur neurotischen Depression sein, für die das chronisch schlechte Essen im Kindesalter oft ein Leitsymptom ist.

Störungen dieser Art sind deshalb besonders unangenehm, weil der erste negative Eindruck um die Nahrungsaufnahme oft die unbewußte Fehlvorstellung eingeprägt hat, für das Dumpf-falsche am Lebensanfang trage Mutter die Verantwortung, Mutter sei schuld – irgendwie. Die Kinder haben diese mißtrauische Angst gegen ihre meist durchaus mütterliche Mutter zwar nicht im Bewußtsein, aber sie färbt das Eßverhalten, ja oft färbt diese dumpfe Angst die Einstellung des Kindes zur Mutter. Wir wissen das deshalb, weil in den Kindertherapien dann (manchmal auch nur über die Träume der Kinder) die absurdesten Befürchtungen ans Tageslicht kommen, so zum Beispiel die Angst, Mutter wolle das Kind mit dem Essen vergiften. Werden solche angstvollen Hintergründe chronischer Eßstörungen nicht erkannt und durch geschicktes therapeutisches Verhalten der Eltern angegangen, so können im Erwachsenenalter auf dem Boden negativer Urerfahrungen plötzlich Vergiftungs- und Verfolgungsängste genereller Art ausbrechen und zu schwerer psychischer Erkrankung führen. Es ist sinnvoll, Eßängste dieser Art ernst zu nehmen und ihnen mit Herz und Verstand zu begegnen!

Bei chronischer Eßunlust im Kindesalter muß also zunächst einmal durch ärztliche Untersuchung ausgeschlossen werden, daß ein körperliches Leiden die Ursache ist. Aber selbst wenn der Gang zum Arzt keine Aufklärung über die Ursache der Schwierigkeit erbrachte, ist dadurch nicht mit absoluter Sicherheit geklärt, ob die Schwierigkeit nicht doch körperlich bedingt ist. Oft ist der Krankheitsherd so minimal, daß er nicht entdeckbar ist und dennoch eine Minderung des körperlichen Wohlbefindens bedingt hat. Es ist dann auch nicht ratsam, von Arzt zu Arzt zu rennen, sondern sich mit der beruhigenden Gewißheit zu begnügen, daß die Eßunlust ein so gravierendes Alarmzeichen körperlicher Art offensichtlich nicht ist. Stattdessen sollte mit Geduld und Geschick der Versuch gemacht werden, die Eßstörung eher durch viel Zuwendung und Anregung zum Spielen, besonders auch in viel frischer Luft und in Bewegung draußen, zu beseitigen und gleichzeitig den Entschluß zu fassen, mit der Eßunlust so lange zu leben, bis sie sich verflüchtigt hat. Diese Geduld und dieses Geschick lohnen sich; sie sind deswegen so enorm wichtig, weil sich ohne sie die Störung zu einem entfaltungsmindernden Leiden einschleifen kann.

Mütterliches Geschick bei Eßunlust ihrer Kinder hat darin zu bestehen, daß bei den Mahlzeiten dem Kind nicht eilfertig der Teller vollgehäuft wird, sondern zunächst alle anderen Personen am Tisch bedient werden, das eßunlustige Kind aber gewissermaßen übergangen wird. In den seltensten Fällen meldet es sich, wenn es älter als drei Jahre ist, dann nicht von selbst. Freilich verlangt das eßunlustige Kind dann meist nicht zu essen, sondern zu trinken. „Ich will auch Kakao“, sagt es. Die Antwort sollte lauten: „Ja, aber vorher ißt jeder von uns zwei Happen Schwarzbrot.“ Dabei reicht man dem Kind zwei hauchdünne Viertelchen einer leicht gebutterten und mit einem vom Kind geliebten Belag belegten Brotscheibe. Mit allen Kindern am Tisch und mit sich selbst ist man vorher genauso verfahren. *Alle* haben einen winzigen Grundstock an Nahrung zu sich zu nehmen, ehe der Ausschank der geliebten Flüssigkeit erfolgt. Es ist nun freilich häufig so, daß das Kind dann einen Machtkampf mit den Erwachsenen beginnt, und es äußert: „Ich will zu trinken, aber keinen Kakao, sondern Cola." Es ist wichtig, dann nicht zu springen und den Sonderwunsch allein für das eßunlustige Kind zu erfüllen. Es muß heißen: „Cola habe ich nicht hier; Du kannst Milch oder Wasser haben." Gewiß ist es sinnvoll, vor allem die Nährgetränke bei Tisch zu haben, von denen man weiß, daß das eßschwache Kind sie gern zu sich nimmt. Aber auf die Sonderwünsche einzugehen, enthält eine gefährliche Teufelsklaue: Oft will das Kind weder das eine noch das andere, sondern probiert lediglich aus, wie weit es die Erwachsenen mit seiner Eßschwierigkeit gefügig machen kann. Das sind gefährliche Mechanismen, die man nach Möglichkeit verhindern sollte, sich einzubahnen.

Grundsätzlich ist es wichtig, um die Eßschwierigkeit nicht zu viel Getöse zu machen. Die Mutter sollte ihre Sorge um das Kind so wenig wie möglich sichtbar werden lassen. Wenn das Kind nicht ißt, sollte es nicht weiter gemahnt und gefüttert, sondern die Mahlzeit abgeräumt werden, ohne den Appetitmangel des Kindes zu beklagen. Ist es in einem guten körperlichen Status und tritt der Appetitmangel unverhofft auf, sollte man ohne jede Zwischenfütterung die nächste Mahlzeit abwarten, aber verhindern, daß das Kind inzwischen Näschereien und Nährflüssigkeiten zu sich nimmt. Wasser sei erlaubt, wenn das Kind durstig ist, mehr nicht. Oft ist die Eßstörung schließlich nichts weiter als der instinktiv richtig gewählte Selbstheilungsversuch bei „verdorbenem Magen" oder auch der Vorbote einer Infektionskrankheit. Auch dann dient die Essensabwehr einem sinnvollen Regulationsmechanismus.

Vor allem sollte man Kindern eine geringe Menge von Nahrung auf den Teller geben. Nicht im Schlaraffenland, sondern dort, wo Schmalhans Küchenmeister ist, pflegen die Kinder einen gesunden Appetit zu haben.

Sehr viel schwieriger wird die Situation, wenn das Kind abzumagern beginnt, denn das bedeutet schließlich eine ernst zu nehmende Lebensbedrohung, der durch Kürzen, Bagatellisieren und Ignorieren nicht beizukommen ist. Am heilsamsten gegen eine chronische Eßunlust hat sich immer noch Luftveränderung erwiesen, und zwar nicht irgend eine, sondern der langfristige

Aufenthalt an der offenen Nordsee. Die Luft der ost- und nordfriesischen Inseln – unter ihnen am meisten Sylt, weil sie das stärkste Reizklima aufweist – hat sich hervorragend als Appetitanreger bei chronischen Eßschwierigkeiten bewährt. Freilich: der Aufenthalt sollte langfristig sein, am besten nicht weniger als vier Wochen betragen, und falls eine depressive Beimischung der oben beschriebenen Art vermutet werden kann, ruhig einmal in der Zweisamkeit mit einer Person allein und deren intensiver Zuwendung erfolgen.

Das gilt sogar für die sogenannte Pubertätsmagersucht der Mädchen, die in den letzten Jahrzehnten seuchenartig zugenommen hat. Sie besteht in einer oft geradezu panischen Furcht, von jedem eingenommenen Bissen eine nicht mehr kontrollierbare Gewichtssteigerung zu erfahren. Magersucht wird zur Eßangst, weil die (im Grunde berechtigte) Furcht entstanden ist, die immense Eßgier nicht steuern zu können und dadurch ein dem Kranken widerwärtiges Übergewicht zu entwickeln. Unter den besorgten Blicken der Mutter wird die Eßangst zur nicht brechbaren Eßverweigerung, die bei unzureichender Hilfe und Nicht-erkannt-werden der Krankheit zu Marasmus und Tod führen kann.

Es darf nicht verkannt werden, daß diese sogenannte Anorexia nervosa gleichzeitig Angst vor dem Leben bedeutet, vor der Notwendigkeit, es als Frau zu leben und sich dabei verantwortungsbewußt selbst zu kontrollieren. Die Mädchen errichten deshalb eine Überkontrolle und in Gestalt der Waage ein symbolisches Kontrollinstrument. Dabei wird die Gewichtsabnahme als gelungene Selbstbeherrschung und das heißt als Erfolg verbucht. Dadurch entsteht eine Verkehrung des Lust-Unlustprinzips im Hinblick auf die Nahrungsaufnahme: Nicht essen wird als Lust, Essen als Unlust erlebt. Unabhängig von der vielschichtigen Genese, auf die in diesem Zusammenhang ausführlich nicht eingegangen werden kann*, kann es eine geradezu erlösende Wirkung haben, wenn die Mütter ihre Bemühung aufgeben, die Töchter zum Essen bewegen zu wollen. Das Anbieten, Auffordern, Klagen, Überreden verstärkt die Erkrankung. Im Hinblick auf das Essen sollte die Angst vor der Gewichtszu-

* Eine ausführliche Darstellung befindet sich in meinem Buch „Unser Leben muß anders werden“, Herderbücherei 1976.

nahme als unaufgebbar angenommen werden. Die Mutter sollte die Bemühung der Tochter um kalorienarme Nahrung vielmehr voll unterstützen und dementsprechend einkaufen. Bevor man dieses Programm in Aktion setzt, bewährt es sich, zu sagen: „Ich verstehe deine Angst. Ich will dir mithelfen, nicht dick zu werden. Freilich mußt du wissen, was die Krankengeschichten Magersüchtiger ergeben haben: Ißt ein junges Mädchen über Jahre zu wenig Eiweiß, so bekommt sie Hungeroedeme und eine Stoffwechselanomalie. Beides bewirkt, daß der Körper gedunsen dick wird: im Gesicht, am Bauch, an den Beinen. Es ist also nötig, Magerkäse, Magerquark, Magerjoghurt, auch gedünsteten Kochfisch und mageres Kochfleisch oder ähnliches zu essen. Ich werde dergleichen im Eisschrank parat halten. Du kannst bestimmen, wie du es damit halten willst."

Die Teilnahme des Mädchens an den Mahlzeiten sollte mit der Begründung, daß das der Kranken nicht zumutbar ist, aufgegeben werden. Das Essen sollte in die Regie des Mädchens gegeben werden, und es sollten allenfalls unterstützende Worte fallen: „Du, ich habe einen fabelhaft billigen Rapunzelsalat auf dem Markt gefunden und Dir mitgebracht. Der ist praktisch kalorienlos."

Die Waage sollte freilich nach Möglichkeit aus dem Badezimmer entfernt werden mit der Begründung, daß das Wiegen eine Sucht werden könne und die Gedanken dann in einer qualvollen Weise fesseln. Im übrigen aber ist es dringend, daß die Zuwendung der Mutter zur Tochter nicht auf die krankhafte Eßangst beschränkt bleibt. Das beste Mittel, eine Magersucht zu heilen, besteht in einer täglichen lustvollen, stundenweisen Beschäftigung der Mutter mit ihrer Tochter. Viele Mütter haben ihre Töchter durch tägliche gemeinsame Spaziergänge, über ein bis zwei Jahre eisern durchgehalten, geheilt. Gemeinsames Schwimmen, Wandern, Tennisspielen – zunächst auf jeden Fall nur mit der Mutter allein – können Wunder wirken.

In vielen Fällen beruht die Magersucht auf einer Frühschädigung im Nahrungsbereich, die in eine bemühte, gewissenhafte Erziehungsform eingebettet ist, so daß sich der Leistungswille oft sogar überstark zur perfektionistischen Gewissenhaftigkeit entfalten konnte. Die Beziehung der Kinder zu ihren Müttern ist durchgängig so gut, daß die oft erhebliche Wut auf sie verdrängt wird. Dennoch gelingt die Identifikation mit ihr nicht in ausreichender Weise, so daß die Schwelle zum Frausein ohne Angst überschritten werden könnte; denn die Lebensform der Mütter erschreckt und frustriert die Töchter – sei es, daß sie die Mütter als eine in ihrer Ehe maßlos Leidende erleben, sei es, daß sie die Überforderung der Mütter (oft als Berufstätige, als Alleinerziehende) als elendes Schicksal erfahren, sei es, daß ein altes Defizit durch den Mangel an Zeit der Mutter belebt wird. Jedenfalls ist das Nachholen der Zuwendung – regelmäßig und gänzlich abgelöst von dem Problem um die Nahrungsaufnahme – die entscheidende Maßnahme zur Beseitigung dieser lebensbedrohlichen Erkrankung. Sind die Mütter mit dieser Grundforderung nach einem Übersehen des pathologischen Eßverhaltens und mit der Notwendigkeit zu täglicher Zuwendung überfordert, so sollte man dieses Programm einer Patin, einer Tante evtl. auch einer Therapeutin übergeben. Jugendliche Mädchen haben manchmal noch eine Lieblingstante, der sie oft sogar mehr vertrauen als der Mutter. Das Fortkommen in der Schule, die Auflösung der meist mit dem Beginn der Erkrankung einsetzenden Isolation sollte man zunächst zurückstellen. Erfahrungsgemäß holen die Magersüchtigen die in der Krankheit erstarrte Lebenszuwendung bald wieder nach, wenn die Eßangst erst einmal überwunden ist.

Bei Kindern mit einer frühkindlichen Schädigung im Nahrungsbereich, bei denen eine sorgfältige Leistungsbemühung ihrer Eltern und das Vorhandensein einer guten Mutter-Kind-Beziehung fehlt, herrscht im Eßverhalten häufig eine nicht bezwingbare Gier nach Nahrung vor. Daraus resultiert dann im Grundschulalter, meist auf dem Boden von Nasch- und Trinksüchten, ein erhebliches Übergewicht, das zur Adipositas, zur Fettsucht werden kann. Der Durchbruch der mundsüchtigen Gier zeigt sich dazu meist in früh einsetzendem, maßlosem Zigaretten- und Alkoholkonsum. Bei jungen Mädchen wird das Übergewicht dann manchmal quälend als unerträgliche Abweichung vom Schlankheitsideal erlebt, so daß als Abwehr dagegen eine Bulimie entwickelt wird, d.h. die Kranken essen erst maßlos Vieles und Süßes, um sich dann den Finger in den Hals zu stecken und zu erbrechen.

Gegen die Fettsucht und gegen die Bulimie hilft die gemeinsame Zubereitung von schmackhaften, kalorienarmen Nahrungsmitteln, die gemeinsam verzehrt werden müssen. Die

Mädchen und ihre Mütter bzw. ihre Therapeuten brauchen die tägliche gemeinsame Beschäftigung um ganz viel, die Schlankheit erhaltende, kalorienarme Nahrungsmittel, die nur von den beiden Akteuren allein verzehrt werden sollten, und darüber hinaus ein Zuwendungsprogramm der auf Seite 33 ff beschriebenen Art.

Beschädigungen im Nahrungsbereich können durch die heutigen meist gefährlich falschen Empfehlungen in der Pflege von Säuglingen entstehen. Keine seelische Beschädigung der bisher beschriebenen Art zu erleiden, ist daher eher die Ausnahme als die Regel. Mütter, die sich die Mühe machen, ihre Säuglinge nicht aus Prinzip stundenlang schreien zu lassen, haben eher Aussicht, dergleichen Nöte zu vermeiden, als die, die sich den instinktlosen Anweisungen, die heute üblicherweise gegeben werden, beugten.

Daß Eßstörungen der eben beschriebenen Art bei männlichen Jugendlichen außerordentlich selten sind, liegt vor allem daran, daß ihr Hungern selten einmal auf Dauer den Stellenwert eines erstrebenswerten Erfolges bekommt. Der Pubertätsschub mit seinem ausgeprägten und späten Längenwachstum ist bei den Jungen zudem geeignet, trotz großer und kalorienreicher Nahrungszufuhr eine Adipositas kaum einmal aufrecht zu erhalten. Darüber hinaus wird der „dicke" Mann in unserem Kulturkreis keineswegs so diskriminiert, wie die dicke Frau. Außerdem sind Knaben unter dem *Testosteronschub* viel eher in der Lage, die Aggression, die auf dem Boden einer frühkindlichen Frustration latent meist vorhanden ist, als direkte Opposition auszuleben oder mit einer Sucht zu beantworten. Nur bei extremer Mutterbindung und einer die Aggression unterdrückende Gewissenskontrolle sehen wir eine sich der Magersucht annähernde Eßangst auch bei den Jungen. Sie pflegt, gerade umgekehrt, leichter auflösbar zu sein, wenn die Mutter bereit ist, ihre kleinkindhafte Bemutterung des Sohnes aufzugeben. In solchen Fällen geht die Eßangst häufig in eine große Trinkgier über. Das eigentliche Bedürfnis kommt so gewissermaßen ans Tageslicht. Soll es nicht zum Alkoholismus entarten, so bedarf es einer therapeutischen „Mineralwasserkumpanei", d.h. des Bemühens, in nachholender Zweisamkeit den Versuch zu machen, unter Bewußtmachen der Zusammenhänge die Gefahr zu bannen.

F

Faulenzen

„Ich habe eben keinen Bock auf Arbeit“, sagt der 17jährige Stefan und stößt voller Wut seine Schuhspitze gegen das Tischbein. Seine Eltern haben ihn geschickt, weil sie am Ende sind mit ihrem Latein. Der Vater hat mir sein Elend bereits plastisch geschildert: „Sehen Sie“, sagt er, „eigentlich könnte man unserer Familie den Namen Fleiß geben. Wir schaffen von morgens bis abends, unermüdlich. Auch unsere 74jährige Mutter werkt noch von morgens bis abends; unsere Geschwister – alle sind arbeitsame Leute, die sich fleißig regen. Aber dann haben wir da diesen unseren einzigen Sohn, den Stefan, der ist faul wie die Sünde.

Ich will Ihnen beschreiben, wie das aussieht: Mittags kommt er von der Schule heim, klingelt ungeduldig anhaltend. Meine Frau öffnet. Er kommt herein wie ein Bergsteiger, der mit letzter Kraft eine Schutzhütte erreicht hat. Seine beiden Taschen läßt er im Flur einfach aus den Händen fallen – plupp, da stehen sie dann mitten in der Landschaft. Zu einem Erwidern des Grußes reicht die Kraft offenbar auch nicht, allenfalls ein unartikulierter Urlaut dringt aus seiner Kehle. Er wendet sich seinem Zimmer zu, stößt die meist angelehnte Tür mit dem Knie auf (denn er ist zu faul, den Arm bis zur Türklinke zu bewegen), und dann läßt er sich auf seine Couch fallen, drückt ein paar Knöpfe, der Lärm aus der Röhre jault auf; er angelt nach seinen Zigaretten und der Cola unter dem Bett, und dann bleibt er da liegen, stundenlang!

In den ersten Jahren seiner zunehmenden Faulenzerei haben wir natürlich noch viele Versuche gemacht, das zu ändern. Wir haben ihn zu kleinen Dienstleistungen eingespannt; aber der Aufwand der wiederholten Aufforderungen war so mühsam, daß wir schließlich davon abließen und die Gänge lieber rasch selbst taten. Irgendwann begannen wir es aber auch als unnatürlich zu empfinden, daß ein junger Bursch keine Lust hat, mit seinesgleichen umzugehen. Wir meldeten ihn in verschiedenen Vereinen an – auf die Dauer ohne Erfolg. Zwei- dreimal ging er hin. Dann verlor er den Kontakt. „Keine Lust", war seine stereotype Antwort auf unser Drängen. Um Himmelswillen helfen Sie uns! Wie bekommt man diesen faulen Sack von der Horizontalen in die Vertikale?"

Die Sorge des Vaters ist mehr als berechtigt, denn die „Faulheit" der eben beschriebenen Art beruht hier, wie in vielen Fällen, auf einer „Aktivitätsatrophie". Ich habe diese Störung in Analogie zu körperlichen Schwunderscheinung, etwa der Muskelatrophie so benannt, um zu verdeutlichen, daß es sich auch bei dieser seelischen Störung um ein Unvermögen handelt, um eine Unfähigkeit, die durch Appelle an den Willen ebenso wenig zu beseitigen ist, wie etwa ein Muskel, der lange bewegungsunfähig in Gips liegen mußte, nun plötzlich sportliche Leistungen erbringen kann. Kein vernünftiger Mensch erwartet dergleichen. Es ist jedem einsichtig, daß der Muskel nun erst lange und in vorsichtigen Schritten wieder geübt werden muß, ehe er auch nur ein mittleres Maß an Bewegungsleistung zustande bekommen kann. Das ist bei der Aktivitätsatrophie, die dem Laien als elende Faulenzerei erscheint, nicht anders; denn sie ist durch eine Lähmung der Aktivität, oft auf dem Boden der bereits beschriebenen neurotischen Depression oder durch exzessive Verwöhnung entstanden und lange eingeschliffen. Auch sie kann nur durch viele Mühewaltung in kleinen Schritten wieder beseitigt werden.

Einsicht dieser Art in das Wesen der Störung ist deshalb so dringlich, weil die Appelle an den Willen die müde Lustlosigkeit nachhaltig verstärken können. Denn der Jugendliche sagt sich in der Tiefe seiner Seele: „Wie recht haben meine Eltern – ich bin eben ein Taugenichts. Alle ‚bringen' etwas – nur ich, ich bin eben eine Niete." Diese berechtigte Selbstkritik mindert aber das Selbstwertgefühl, ohne das kein Mensch den Antriebsüberschuß zu konstruktiven Tätigkeiten aufbringen kann. Auf diese Weise setzen sich immer neu die Störung verschlimmernde Teufelskreise in Gang.

Die Gegenmaßnahmen müssen anderer Art sein: Als erstes ist es auch bei dieser Schwierigkeit wichtig, herauszufinden, an welcher Stelle noch ein Fünkchen Interesse glimmt. Der eine hat immerhin noch Interesse für Fußball, wenn auch nicht mehr fürs Selbstspielen, so doch fürs Zuschauen bei Spielen und für die Spieler. Dann sollten die Eltern versuchen, hier den Fuß in die Seelentür zu bekommen. Gewiß gibt es Möglichkeiten, daß Vater und Sohn ein regionales Spiel gemeinsam besuchen oder auch ein überregionales als gemeinsames Abenteuer anpeilen. Vielleicht kann Vater gemeinsam mit dem Sohn unter die Autogrammjäger gehen, vielleicht können sie eine Sammlung mit Berichten und Unterschriften beginnen. Jedes kleinste Interesse sollte versucht werden gemeinsam anzupacken. Wichtig ist, daß Freude an irgendeiner Tätigkeit entsteht, am besten gemeinsame Freude, und von dort zu neuen, allmählich sich steigernden, Anstrengung fordernden Freizeitbeschäftigungen übergegangen wird. Das ist zwar sehr mühsam, es ist ohne geduldiges Aushalten auch von Rückschlägen nicht zu schaffen, aber es ist sehr lohnend, weil es gewissermaßen in letzter Minute noch eine gefährlich negative Fehlentwicklung aufzuhalten vermag.

Besser ist es natürlich, der Aktivitätsatrophie vorzubeugen, sie gar nicht erst einschleifen zu lassen. Wir müssen uns eingestehen, daß manche der neuen gefährlichen seelischen Störungen darauf beruhen, daß unsere Kinder in einer unnatürlich gewordenen Kunstwelt zu rasch und zu viel sich selbst überlassen wurden, das ihnen urtümliche, die Phantasie anregende Gemeinsamkeit und Umwelt nicht mehr zur Verfügung stand. Das eben erzeugt jene gefährliche Kraftlosigkeit. Je früher wir ihr entgegenwirken, umso sicherer können wir dem Einschleifen einer Aktivitätsatrophie bei unseren Kindern entgehen. Drei Voraussetzungen sind dazu wichtig:

1. So viel konstante personale Betreuung wie möglich durch die ersten Kinderjahre hindurch,
2. So wenig wie möglich Verwöhnung mit Materialien. Weniger ist für unsere Wohlstandskinder grundsätzlich mehr; weniger Fernsehen, weniger Spielzeug, weniger Bekleidungsfülle, weniger weite Reisen im Fond eines Autos, weniger Taschengeld, weniger Lollies und Eis am Stiel.
3. So viel wie möglich behutsame Anregung zur Entfaltung der Begabungen wie irgend möglich. Eltern sollten ertasten, wo eine konstruktive Freizeitbeschäftigung ausbaubar ist. An den verschiedenen Interessenrichtungen der Kinder

läßt sich das ausmachen: Das eine Kind ist voller Wachheit, wenn es um das Leben der Tiere geht; das Aquarium, die Volière, der Kaninchenstall können das Interesse anregen, durch Erzählen, durch Heranbringen von Büchern. Ausgewählte Fernsehsendungen können das Interesse zu vermehrtem Kenntnisstand, zu mehr Erfolg bei der Tierhaltung führen, Erfolg in der Schule im Fach Biologie einbringen etc. Im Werken, in der Handarbeit, in Musik, Zeichnen, Modellieren, Schauspielern, Sport, Tanz sollten unsere Kinder im Grundschulalter durch ihre Eltern gefördert werden, und zwar nicht alle in allen Fähigkeiten, sondern in einer, die der speziellen Interessenrichtung und Begabung gemäß ist. Rechtzeitige, intensive Bemühungen der Eltern sind heute vorbeugend geradezu lebensnotwendig, denn sie können verhindern, daß das Wohlstandskind der Trägheit, dem passiven Konsum verfällt. Es wird dann extrem gefährdet, in den Sümpfen, die unsere Welt für ihre Jugendlichen parat hat, verloren zu gehen.

Ist die Aktivitätsatrophie dennoch im Jugendalter ausgebrochen und haben die Eltern keinen Erfolg in ihrem Bemühen um die Neubelebung der Interessen, so sollte unbedingt ein Umgebungswechsel angestrebt werden. Die Schulprogramme des Christlichen Jugenddorfhilfswerks sind geeignet, der Aktivitätsatrophie abzuhelfen. Manchmal kann auch ein mindestens einjähriger Auslandsaufenthalt in einer Familie oder in einem Internat Wunder wirken.

G

Grimassieren

(Augentic, Grunztic, Schnüffeltic, Schultertic, Räuspertic)

Der zehnjährige Knabe steht auf, als ich das Behandlungszimmer betrete. Er gibt mir mit einer korrekten Verbeugung die Hand, sagt dabei: „Ich heiße Dennis M.“ und setzt sich erst wieder, als ich ihn dazu auffordere. Er ist, obgleich das heute aus der Mode gekommen ist, ein zu korrekter Höflichkeit erzogenes Kind. Aber nachdem ich ihn aufgefordert habe, mit dem großen Baukasten eine kleine Szene nach seiner eigenen Wahl zu erstellen und er sich mit Eifer dieser Arbeit zugewandt hat, verzerrt sich plötzlich sein Mund zu einer Art schiefmäuliger Gähngeste, gleichzeitig kneift er die Augen zusammen und schüttelt den Kopf, so als wolle er die sein Gesicht überziehende Grimasse damit beseitigen. Im Nu ist der Spuk wieder verschwunden, aber das Kind schaut mich mit beschämter Verzweiflung an. Seine Augen sagen: „Nun ist er heraus, der ganze elende Makel, und ich hatte mir doch vorgenommen, daß ich dieser Fremden gegenüber *nicht* grimassieren werde. Ich habe mir doch solche Mühe gegeben, dieses blöde Zucken zu unterdrücken – und doch ist es mir passiert! Was soll die bloß von mir denken. Sicher hält sie mich nun auch für verrückt!“

Darin freilich irrt sich mein kleiner neuer Patient. Ein Grimassieren der eben beschriebenen Art mit Appellen an den Willen, mit Auslachen, Diffamieren und kopfschüttelnder Verachtung zu beantworten, ist eine Reaktionsform nicht verstehender Laien. Dem Sachverständigen ist bekannt, daß das Grimassieren in die Kategorie unwillkürlich auftretender Ticerscheinungen gehört*. Es gibt sie in großer Zahl auch bei Erwachsenen. Sie zeigen sich nicht nur als Zusammenkneifen der Augen, als Ver-

* Dührssen, A.: Psychogene Erkrankungen von Kindern und Jugendlichen, Göttingen 1954, S. 282.

ziehen und Schnaufen des Mundes, als Krausen oder Schnüffeln der Nase, sondern auch als Räuspern, als Kopfrucken, als Schulterzucken.

Oft wird der Tic mit epileptischen, hirnorganisch bedingten Leiden verwechselt, auch von Neurologen nicht selten als sogenannte *Chorea minor* oder *Petit mal* fehldiagnostiziert, was höchst bedenkliche Folgen, nämlich eine unnötig dämpfende Dauermedikamentation zur Folge haben kann. Der psychogene Tic entsteht nicht im Erwachsenen- oder im Jugendalter, er ist eine Angelegenheit der Kinderjahre. Dort nur nimmt er seinen Anfang. Freilich kann er dann u. U. ein lebenslängliches chronisches Symptom werden, wenn er nicht rechtzeitig diagnostiziert und auf ihn entlastend reagiert wird. Gelegentlich verschwindet er auch ohne Behandlung von selbst, wenn das Kind von sich aus seelisch kräftiger geworden ist, bevor sich das Symptom zu starrer Gewöhnung verfestigt hat.

Der psychisch bedingte Tic, gleich welcher Art, ist eine nicht zum Zuge gekommene Angriffsgebärde, gewissermaßen das Rudiment eines im Ansatz mißglückten Angriffs. Der Mundzukkende möchte eigentlich die Zähne fletschen, der Schulterzukkende möchte eigentlich zuschlagen (deshalb tritt er meist in der rechten Schulter und nur bei den wenigen Linkshändern in der linken Schulter auf), der Schnaufende und Schnüffelnde möchte zischen, der Räuspernde möchte wütend schreien, spucken und beißen, der mit den Augen Blinzelnde möchte eigentlich mit der Drohgebärde geweiteter Augen auf den Gegner losgehen.

Deshalb entwickeln auch nur diejenigen Kinder einen psychogenen Tic, deren Selbstbehauptungstrieb in einem Übermaß, in einem der Seele unbekömmlichen Maß, eingegrenzt ist. Bei einer Erziehung, die darauf aus ist, den Willen des Kindes stark einzuschränken, ist die Wahrscheinlichkeit, daß ein Kind einen Tic entwickelt, deshalb sehr viel größer als bei einer antiautoritären Erziehungsform, womit ich diese keineswegs durchgängig als die richtigere Erziehungsform bezeichnet haben möchte; sie läßt, im Extrem gehandhabt, lediglich andere, nicht minder gravierende Störungen entstehen. Die übertriebene Willenseinschränkung des Kindes braucht auch nicht etwa durch rigorose, mit Gewalt erzwungene Gehorsamsforderungen hervorgerufen zu werden, sie kann auch durch eingreifende Überbehütung hervorgerufen werden. Dennis Eltern z. B. waren beide berufstätig. Er war als Einzelkind weitgehend von den Großeltern großgezogen worden. Der pensionierte Lehrer-Großvater sorgte streng für eine übergewissenhafte Erledigung der Schulaufgaben des Enkels, die Großmutter war ihm gewissermaßen Tag und Nacht auf den Fersen mit Umsorgen und Befehlen. Die Beseitigung aus der Obhut der Großeltern, die Möglichkeit, unter der Beaufsichtigung der nun nur noch halbtags arbeitenden Mutter viel mehr Spielraum in Anspruch nehmen und seinen Willen entwickeln zu dürfen, bewirkte ein allmählich sich verflüchtigendes Symptom.

Bei älteren Kindern, die sich ihres Leidens bewußt werden und zur Vermehrung der Ticerscheinungen gerade dadurch beitragen, daß sie sie krampfhaft zu unterdrücken suchen, kann es förderlich sein, den Kindern den Aussagewert des Tics bewußt zu machen, ihn als berechtigt zu legitimieren und das Kind zu einem vermehrten Gebrauch seines heimlichen Kampfstils zu ermuntern. Zum Schnaufen, Blinzeln, Zucken aufgefordert, um die Wette gezuckt und geschnaubt, kann das Symptom oft in kürzester Zeit auf Nimmerwiedersehen zum Verschwinden gebracht werden, nicht nur weil es durch ein Rezeptchen kuriert wurde, sondern weil das Kind die Berechtigung zur willkürlichen Äußerung seines Eigenwillens erfährt und die zu weit gehende, existenzgefährdende Einschränkung des Selbstbehauptungswillens aufgehoben wurde.

Die Unfähigkeit, sich durchzusetzen, führt also statt zu dem eigentlich beabsichtigten Angriff, der eigentlich beabsichtigten Abwehr zu einer zu weit gehenden Bemühung um Zurückhaltung. Es wäre freilich zu einfach, daraus zu schließen, daß im Umfeld eines solchen Symptomträgers ein ihm feindlich gesonnener Mensch vorhanden sein müsse. Sie ist meist vielmehr nicht direkt von den Menschen der Umwelt verschuldet. Am Beginn solcher Nöte stehen viel eher Ängste im Selbstbehauptungsbereich, die durch tragische Frustrationen in den ersten Lebensjahren entstanden sind, zum Beispiel Mutterverlust durch frühe Krankenhausaufenthalte oder eine mit Strafen erzwungen Dressur zum Gehorsam, eine unbekömmliche, gut gemeinte Bemühung um gutes Benehmen des Kindes etc*. Existentielle Angst

* Mitscherlich, M.: Beitrag zur Psychologie des Tic ... Adv. Psychosomat. Med. 3, 203, 1963; Heigl, F.: Ein Fall von generalisiertem Tic. Z. Kinderpsych. 4, 202, 1955.

erzeugt grundsätzlich Aggression. Hat das Kind in der ihm bedrohlich scheinenden Situation keine Möglichkeit, sich zu artikulieren, so antwortet es mit dem psychosomatischen Symptom, das sich später leicht einmal wieder belebt, wenn eine ihm ähnlich scheinende Unheimlichkeit oder Überforderung entsteht.

Es ist von besonderer Tragik, daß Kinder, die einen Tic entwickeln, meist Eltern haben, die um die Erziehung ihrer Sprößlinge mit Einsatzbereitschaft und Verantwortungsgefühl bemüht sind. Gerade für diese Eltern ist das Auftreten der unwillkürlichen Zuckungen besonders irritierend. Da sie selbst ihr Leben durch Disziplinierung bewältigen, raten sie dem grimassierenden Kind, die Schwierigkeit durch vermehrte Willensanstrengung zu beheben. Aber gerade diese Aufforderung wirkt verstärkend, erregt den Unwillen der Erziehenden, mehr Beachtung des Leidens bei allen Beteiligten, wodurch die Chronifizierung im bedenklichen Teufelskreis in Gang gesetzt wird. Die „Fratze" des Kindes signalisiert die zu weit gehende Eigenmächtigkeit seiner Erzieher. Die mißhandelte „Natur" des Kindes setzt sich gegen den Willen aller Beteiligten durch und sollte deshalb als Mahnung zur Änderung des oft nur ein wenig zu strengen Erziehungsstils gewertet werden.

Begreifen die meist durchaus mit Liebe erziehenden Eltern erst einmal diesen Zusammenhang, verstehen sie erst einmal, daß das Kind eine ihm unbekömmliche Einengung erfuhr, dann läßt sich zusätzlich auch mit viel sportlicher Betätigung helfen. Grundsätzlich gilt bei Störungen, die durch eine zu weit gehende Drosselung des Selbstbehauptungstriebes, der Unfähigkeit zur Selbstverteidigung entstanden ist: Je mehr das Kind erlebt, daß es stark ist, daß es nicht nur verbal, sondern auch kraft seiner Muskeln in der Lage ist, sich zu behaupten, umso weniger sind Durchbrüche durch die Gehemmtheit, wie sie die Ticerscheinungen darstellen, noch existentiell nötig. Der Weg in die Ausgeglichenheit kann durch Einsicht und Einübung erfolgreich eingeschlagen werden.

H

Haarausreißen

Daß der Volksmund im Hinblick auf eine verzweiflungsvolle Situation davon spricht, es sei „zum Haare raufen", enthält eine psychische Wirklichkeit. Wer kennt das nicht – sich in einer plötzlich einsetzenden, blockierenden Situation mit beiden Händen an den Kopf zu greifen, und wenn sie sich zur Aussichtslosigkeit, zur Auswegslosigkeit ohne alle Hoffnung ausweitet, in ohnmächtigem, wütendem Schmerz an den Haaren zu zerren, sie zu zerraufen oder sie auch sogar auszureißen? Alles ist versperrt: an das angestrebte Ziel zu gelangen, zu fliehen, anzugreifen, die ausweglose Situation zu ändern. Nichts geht mehr. Aber der Schmerz ist da, die Wut ist da, und zwar in einer unerträglichen Form. Der Griff an den Kopf, zunächst eine reflektorische Schutzbewegung, findet in der Motorik des Reißens und im Empfinden des körperlichen Schmerzes eine Entlastung des als zu schlimm erlebten Unlustgefühls.

Gestimmtheiten schwerer Verzweiflung sind es deshalb auch immer, die bei Kindern und Jugendlichen am Beginn eines zwanghaften Haarausreißens vorhanden gewesen sind. Das braucht Eltern und Erzieher nicht zu entsetzen und zu belasten in der Furcht, daß die Schwierigkeit dann also ein Zeichen für schlechte Behandlung des Kindes sein müßte. Kleinkinder können schon aus gerinfügigem Anlaß in Verzweiflung geraten: Wenn ein Eindringling das geliebte Polizeiauto in die Hand nimmt, wenn ein Geschwister ruppig ist, wenn Mutter für eine kurze Zeit fort geht, ohne das Kind mitzunehmen. Es kommt nicht darauf an, ob eine Situation objektiv zur Verzweiflung berechtigt, es kommt darauf an, wie ein Kind sie subjektiv empfindet, ob es in der Lage ist, sich zu trösten und Hoffnung zu gewinnen.

Das Symptom des Haarereißens pflegt sich erst einzuschleifen, wenn die verzweiflungsvolle Lage fortgesetzt erhalten bleibt bzw. sich häufig erneuert, so daß das Kind sich seines Entlastungserfolgs durch Haarereißen erinnert. In solchen Fällen kann es ziemlich rasch zu einer Chronifizierung des Symptoms kommen. Natürlich spielt die Haartracht dabei eine gewichtige Rolle: Ein Bürstenhaarschnitt eignet sich nicht, um das Symptom zur Entwicklung kommen zu lassen. Deshalb läßt sich diese Schwierigkeit sehr viel häufiger bei langhaarigen Mädchen beobachten als bei anderen Personengruppen. Die Mode, das Haar offen und herabfallend zu tragen, hat das Haarereißen bei jungen Mädchen in den vergangenen Jahren sehr begünstigt. Es ist eine der vielen selbstbeschädigenden Reaktionsformen auf Wut, Enttäuschung und gehemmte Aggression. In jungen Jahren handelt es sich dabei nicht selten um eine Reaktion auf Strafe – etwa eingesperrt oder von der Mutter getrennt oder von ihr zugunsten eines anderen Geschwisters benachteiligt zu werden. Im Jugendalter kann bei Wut über den Freund, die Schule, den Lehrer, vor allem aber über sich selbst die einmal als entlastend erlebte Praktik wieder belebt und zu einem hartnäckigen Zwang werden.

Um zu heilen, ist es infolgedessen nötig, zunächst einmal die Ursache des Schmerzes herauszufinden und gemeinsam mit dem jungen Menschen einen Ausweg zu suchen, den es in den allermeisten Fällen gibt, ohne daß er bisher freilich entdeckt wurde. Oft hilft mehr Zuwendung, wie es in den vorhergehenden Kapiteln konkret dargestellt wurde. Auch sportliche Betätigung, vor allem in aggressiven Sportarten wie auch manuelle Tätigkeiten, z.B. Stricken, kann angemessener entlasten. Bei jungen Mädchen ist nicht selten die Wut über den eigenen Unwert, die Selbstverurteilung, das Selbstverdammen wegen hoffnungsloser Häßlichkeit die zentrale Ursache der selbstgebastelten Falle in die ausweglose Verzweiflung. Besonders Mädchen, die ebenso willensstark wie ehrgeizig sind und sich im Hinblick auf das Konkurrieren in Schönheit als hoffnungslos abgeschlagen erleben, neigen zu dem Verzweiflungssymptom des Haarausreißens. Das Bemühen um Verschönerung, um eine kleidsame Frisur, eine die Mängel verdeckende Bekleidung kann wirkungsvoll helfen, wenn sie dem Mädchen die Erfahrung vermittelt, daß es einer zu negativen Vorstellung über sich selbst aufgesessen ist. Wichtig ist es auch, der Gruppe der Überehrgeizigen verbal deutlich zu machen, daß der Wert eines Menschen von äußeren Erfolgen nicht abhängt. In solchen Fällen darf nicht übersehen werden, daß zunächst der innere überstrenge Zensor, der die Selbstverwerfung hervorrief, entschärft werden muß, um den Haarausreißer aus seinem meist selbstgezimmerten Gefängnis zu befreien*.

---

* Siehe auch: Szonn, G.: Zwei Fälle von Haarausreißen, Z. Kinderpsych. 1 (10–18), 1975; Reinelt, A. und Breiter, M.: Therapie einer Trichotillomanie, Z. Kinderpsych. 5 (169–174) 1980.

I

Intellektualisieren

Ein 15jähriger Oberschüler sitzt mir gegenüber. Seine Eltern haben ihn geschickt, da sie um seinen Werdegang besorgt sind: Wolfgang versagt beim Wiederholen der gleichen Klasse. „Ich habe eben keine Lust“, sagt er achselzuckend und streckt die Beine von sich, „was kann mir diese Leistungsgesellschaft denn auch schon bieten? Wo soll da ein Sinn drin sein? Die wollen mich doch nur ausbeuten. Das kapitalistische Wirtschaftssystem gibt ja keinem einzelnen die Möglichkeit, sich frei zu entfalten. Alle werden eingeengt und ausgesaugt. Keinem wird das Recht zugebilligt, so zu leben, wie es ihm zusteht und wie es ihm gefällt. Da mach' ich nicht mit. Man muß seine progressive Verweigerung gegen das System auch leben und durchhalten“, sagt Wolfgang, wirft in heroischem Trotz den Kopf zurück und schaut mich kampfesmutig an.

„Wie möchtest Du denn leben?“ frage ich zurück. „Nun“, sagt er, „vor allem möchte ich meine Ruhe haben, aufstehen wann ich will, essen wann ich will, nach Hause kommen wann ich will. Nicht immer von irgendwem belämmert werden, der mich unterdrückt und seine Herrschaftsgelüste an mir konkretisiert.“

Ich mache Wolfgang klar, daß dieses Wunschbild wenig Fortschrittliches an sich hat, sondern konservativ, ja reaktionär bis in die Knochen ist: Denn dieser Wunschtraum ist der nach Rückkehr in den paradiesischen Zustand des Fötus im Mutterleib. Bereits mit dem Tag der Geburt sei eine Möglichkeit zu solchem Leben ein für allemal passé. Man stehe in der rauhen Wirklichkeit, in der täglichen Unsicherheit und Bedrohung dieser sterblichen Existenz und habe sich nach der Decke zu strecken, und das hieße, immer sich irgendwie abzustrampeln und anzustrengen, denn sonst ginge man binnen kurzem ein.

Wolfgang ist der typische Fall der neumodischen Variante einer Verdrängungsart, auf die uns bereits Sigmund und Anna Freud aufmerksam machten: auf den Mechanismus der Rationalisierung. Das heißt: Der Mensch sucht und findet Scheinbegründungen für ein Unbehagen in seiner Stimmung, für ein ihm selbst befremdliches, zu Mißerfolgen führendes Verhalten. Er bemäntelt das ihm selbst unheimliche, das ihm selbst nicht gefallende Verhalten mit einer scheinbar plausiblen Erklärung. Die Erklärung, die Wolfgang mir vorträgt, ist nicht sehr originell, er hat sie aus den Medien, aus der Schule oder von welchen Spatzen auch immer, die diese Parolen von den Dächern pfeifen, übernommen; aber sie sind für ihn nur oberflächlich heilsam. Oberflächlich zwar schützen sie ihn: Sie bewahren ihn vor einer gefährlichen Einbuße seines Selbstwertgefühls, jener flüsternden Stimme seines Innern, die ihm zuraunt: Im Grunde haben die Alten doch recht: Du bist eben ein Versager, bist nichts, kannst nichts, taugst nichts. Wolfgangs Rationalisieren und oberflächliches Intellektualisieren ist ein Schachzug seines Selbstbehauptungstriebes, der ihn wenigstens über Wasser hält. Aber auf Dauer ist dieses Rettungsmanöver weniger als rettend, denn es zementiert die Selbsttäuschung, es verstellt den Mut zur wahrhaftigen Konfrontation mit der eigentlichen Schwierigkeit und bewirkt so eine gefährliche Sackgassensituation.

Ungesunde Intellektualisierung als Abwehrmechanismus gegen die bewußte Auseinandersetzung mit der Veranwortung für das eigene Tun und Lassen ist unter den Jugendlichen, ja bereits unter den älteren Kindern heute außerordentlich häufig. Zu einer solchen Entwicklung trägt nicht nur das geistige Klima in den Medien allein, sondern oft auch ganz direkt die Schule bei. Die Lehrpläne der Grundschulen bereits sind gespickt mit intellektualistischen Verfrühungen, die nicht die Denkfähigkeit, sondern eine intellektualistische Altklugheit fördert. An die Stelle einer altersentsprechenden Befriedigung und Freude an den kleinen Lernfortschritten tritt ein Zerreden, Reflektieren und Problematisieren der Lebenssituationen, ohne hinreichende Kenntnis, Erfahrung und Reife zur Bildung echter Urteile zu besitzen. Die „Erziehung zur Kritikfähigkeit" und zum „Problembewußtsein" macht die Kinder in einer unbekömmlichen Weise zu selbstgerechten Menschen, die für alles und jedes Ungenügen einen einzigen Sündenbock parat haben: Die böse Gesellschaft, gegen deren Mächtigkeit man nichts ausrichten kann – es sei denn die leise und schließlich auch laute Revolution. Dieser Trend bewirkt in den Kindern eine bedenkliche Reifungsblokkade; denn er verhindert die Einsicht, daß es möglich ist, Unzufriedenheit in Zufriedenheit zu verwandeln, wenn man bereit ist, die Fehler und die Verantwortung dafür zunächst nur bei sich selbst zu suchen und mit einer Änderung infolgedessen bei sich selbst zu beginnen. Intellektualistische Scheinbegründungen zementieren die Irrtümer und führen in eine starre Selbsttäuschung, die schließlich die Grundzüge einer irreversiblen Psychopathie annehmen, im Sinne der klassischen Definition von Prinzhorn: „Psychopathie ist das Leiden an lebensnotwendigen Selbsttäuschungen." Selbsttäuschungen dieser Art bedürfen im Wiederholungszwang der panzernden Argumentation, um die verdrängte Wahrheit nicht zu Wort kommen zu lassen; sie bedürfen der Verstärkung in der Gruppe, in Programmen, Grundsatzpapieren und absichernden Gremien mit Mehrheitsbeschlüssen. Intellektualisierungen, die eine Verdrängung zu stabilisieren haben, sind deshalb meist extrem wortreich. Die so gängigen Worte im Jugendjargon „labern", „quasseln", „quatschen" sind als unbewußte Intention der Absicherung gegen den Verdrängungsaufbruch sehr treffende Ausdrücke für die eloquenten Bemühungen um Aufrechterhaltung der illusionären Selbsttäuschung.

Herauszufinden welches die wahren, meist sehr subjektiven, von Fall zu Fall unterschiedlichen Ursachen zum Beispiel eines Schulversagens sind, ist der tapfere und dadurch auch der erfolgreichere Weg als sich einen Angstschutz durch Intellektualisierung aufzubauen. Die Voraussetzung dazu besteht in der Einsicht, daß es in den seltensten Fällen in unserer Macht steht, die Ursachen für seelisch-geistige Schwierigkeiten selbst zu erkennen. Im Hinblick auf körperliche Nöte sehen wir das ganz selbstverständlich ein. Wir überlassen die Diagnose dem Arzt. Im Hinblick auf seelische Mißerfolge und Lebensschwierigkeiten, die immer neu und langfristig in gleicher Weise in Erscheinung treten, müssen wir uns ebenfalls fragen, ob es nicht nötig wäre, einen Fachmann zu fragen, weil sich die Schwierigkeit mit einer Scheinerklärung nicht aus der Welt schaffen ließ.

Bei Wolfgang lagen die wahren Ursachen darin, daß der intellektualisierte Knabe im Grunde wenig Begabung und deshalb auch wenig Interesse für das abstrakt-logische Denken mitbrachte, das in seiner Schule zunehmend mehr gefordert wurde. Er besaß hingegen eine vorzügliche praktische Intelligenz, die ihm bald auch Erfolge einbrachte, als er erst einmal auf das ihm gemäße Pferd (einer Lehre) umgesattelt hatte. Aber dazu war es auch nötig, seine Eltern davon zu überzeugen, daß die Vergötzung des Intellekts und intellektualistischer Berufe nichts taugt bzw. eine Überwertung der abstrakt-logischen Begabung sei. Die tapfere Anerkenntnis der verschiedenen Begabungen als gleichwertig und die Bemühung um Verbreitung dieser fortschrittlichen und das heißt humaneren Einstellung erst kann allmählich dazu führen, daß wir die Überschätzung von Intellektualisierungsprozessen aufgeben und unsere Kinder vor dem Weg in eine im Grunde infantil bleibende Hochstapelei bewahren, denn sie führt zum Erstarren in einer Haltung der Lebenslüge, die sich feige vor einem ehrlichen Nachdenken über die eigenen Schwierigkeiten und das Übernehmen der Verantwortung für sie drückt.

J

Jaktationen

(Schaukelbewegungen im Liegen, im Stehen, im Sitzen, in Krabbelstellung)

Eine Mutter stellt mir ihr sechsjähriges Töchterchen vor, ein Mädchen mit strahlenden Augen und lebhaftem Minenspiel. Sie zeigt in den Tests ihre reichhaltige Phantasie, ihren fülligen Wortschatz, ihre rasche Auffassungsgabe, ihre konzentrierte Arbeitsmöglichkeit – ein Kind ohne Beeinträchtigungen. Ich bestätige der Mutter, daß es gewiß in der Lage sein wird, im kommenden Jahr den schulischen Anforderungen zu genügen. Die Mutter sagt erfreut lächelnd: „Ich wollte auch nur einmal wissen, ob Sie vielleicht noch etwas von all den Schrecken sehen, die uns umgaben oder ob sie nicht nur für uns Laien verschwunden zu sein scheinen. Und dann berichtet sie von einem fünfjährigen opferreichen Kampf um die seelische Gesundung ihrer kleinen Adoptivtochter. Im Alter von anderthalb Jahren hatte sie sie aus einem Heim übernommen. Bis dahin hatte das Kind fünf Stationen der Betreuung hinter sich: bei einer verwahrlosten Mutter zunächst, einem Pflegenest dann, einem Heim, Pflegeltern, die es zurückgaben in ein neues, ein anderes Heim.

Dorett konnte noch nicht sitzen, als ihre Adoptiveltern sie übernahmen. Sie spuckte feste Nahrung wieder aus. Sie lag mit leerem Gesichtsausdruck, ohne ein Lächeln je zu erwidern, ernst in ihrem Bettchen und drehte sich schaukelnd fortgesetzt von einer Seite auf die andere. Selten unterbrach das Kind dieses Schaukeln, und selbst des Nachts erzeugte sie mit ihrem Bett gewissermaßen die rollenden Geräusche des kleinen „Häwelmannes“. Diese Erstarrung der Kinderseele in der Rollbewegung blieb auch noch über Monate erhalten, nachdem das Kind Eltern und eine konstante Umgebung bekommen hatte. „Dorett“, so sagt die Mutter, „nahm von mir zunächst scheinbar überhaupt keine Notiz, sie guckte gewissermaßen durch mich hindurch; sie nahm mich einfach nicht an. Aufweichen tat das

Elend zuerst bei meinem Mann. Nach sechs Wochen lächelte sie ihn plötzlich zum ersten Mal an, als er, abends nach Hause kommend, mit ihr „Kuckuck" spielte. An diesem Abend haben wir es gewagt, sie mit in unser Bett zu nehmen, zwischen uns, im Arm meines Mannes. Sie schaukelte tatsächlich nicht mehr ganz so kontinuierlich, auch nicht mehr ganz so rasch. Sie werden sich denken können, wie wenig hingegen wir beiden Erwachsenen schliefen. Aber wir wußten bereits, daß die Jactatio capitis eine Kompensation der Angst in der Verlassenheit ist, und wir hatten uns vorgenommen, den Versuch zu machen, ihr die fehlende Geborgenheit der Säuglingszeit nachzuliefern. Mit einem Totaleinsatz meiner Person gelang das auch. Nach einem halben Jahr wurde Dorett ein fröhliches Kind, das zu sprechen und zu laufen begann. Die Schaukelbewegungen verschwanden. Heute schläft Dorett ganz ruhig in ihrem eigenen Bett."

Die Schaukelbewegungen, bei denen Kinder sich in der Rükkenlage mit Kopf und Rumpf hin- und herbewegen entstehen in der Säuglingszeit. Die Angst, ausgeliefert, fremd, verlassen zu sein, führt, wie wir im 1. Kapitel ausführten, zu Adrenalinausschüttungen, die zur Flucht bereitstellen, einer Flucht, die ein Säugling noch nicht vollziehen kann. Die Möglichkeit, das Unlustgefühl der Angst durch Bewegung zu entlasten, ist allenfalls durch Hin- und Herbewegen möglich. Jedenfalls erlebt das Kind beim unruhigen Hin- und Herwerfen, daß es so die Angst beschwichtigen kann. Es verordnet sich per Selbsthilfe das Schaukeln als seelisches Beruhigungsmittel. Viele Kinder, die nicht so gezielt therapiert wurden wie Dorett, gewöhnen sich deshalb daran und behalten die Jactationen als Einschlafmittel lange, manche sogar lebenslänglich bei. Fragen die Bezugspersonen die älteren Kinder, warum sie diese der Umwelt befremdliche Verhaltensweise vollziehen, so antworten sie: „Das brauch' ich, sonst kann ich nicht einschlafen."

Es gibt verschiedene Formen der Jactatio; einige haben den gleichen Aussagewert wie die eben beschriebene, sind aber erst gegen Ende des ersten oder im zweiten Lebensjahr entstanden. Das ist der Fall, wenn Kleinkinder in der Sitzlage mit dem Kopf auf den Boden schlagen oder wenn sie stehend von einem Bein auf das andere schaukeln. Die Beschwichtigungsnotwendigkeit ist dann in dem Alter entstanden, in dem das Kind gerade zu sitzen respektive zu stehen begann.

Eine andere, die Eltern oft sehr ängstigende Jactatio hat hingegen nicht den Stellenwert der Angstbeschwichtigung, sondern ist der Ausdruck einer noch nicht hinreichend abführbaren motorischen Spannung. Eine nicht kleine Zahl von Kindern stellt sich im Krabbelalter in Krabbelposition und stößt mit dem Kopf gegen die Bettwand. Bei dieser Jactatio mag auch die Freude am „Ursach'-sein", am Erzeugen eines lauten Geräusches mitverursachend sein. Jedenfalls ist diese Jactatio durch vermehrte motorische Betätigung, durch Dreiradfahren, schaukeln, rutschen und springen meist ziemlich rasch zu überwinden. Aber auch ohne solche spezielle Bemühung verschwindet diese Form der Jactatio mit fortschreitender Körperbeherrschung von selbst, ohne sich langfristig einzuschleifen.

Die Jactatio hingegen, die sich aus Verlassenheitsgefühlen in der Säuglingszeit entwickelt hat, läßt sich nur durch viel nachholende Zweisamkeit allmählich lösen, am besten indem die leibliche Nähe im Kleinkindalter nachgeholt wird. Freilich: Sind die Kinder bei Behandlungsbeginn älter als drei Jahre, so sollte man die Bemühung um nachholende Geborgenheit nicht mehr in säuglingshafter Manier versuchen. Besser sind dann Erzählstunden, Vorlesen auf dem Schoß, lustige Finger- und Reiterspiele, Suchen und Finden, Haschen und Ballrollen. Auf jeden Fall aber sollte man in der Zeit der kleinen Therapie dem Kind so wenig wie möglich Umgebungswechsel zumuten und schon ganz und gar nicht ohne die Person, die das Kind in seiner ständigen Betreuung hat. Daß man unbesorgt einschlafen kann, weil man in der Sicherheit und Geborgenheit der liebevoll nahen, vertrauten Person steht – diese Erfahrung sollte über eine lange Phase hinweg während der Kleinkinderzeit nachgeliefert werden, um das unruhig gewordenen Kinderherz zu umfrieden. Wenn das gelingt, hört erfahrungsgemäß auch die Jactatio capitis auf.

K

Kontaktnöte

(Aufdringlichkeit, Schüchternheit, Sprechblockade, Mutismus)

Es gibt viele verschiedene Formen von Kontaktnöten bereits im Kindesalter. In erheblicher Zahl steht heute freilich mehr die Gier nach Kontakt im Vordergrund, als diejenige Kontaktnot, die durch eine überstarke Zurückhaltung entsteht. Klammernde Kontaktsucht, die den kritischen Abstand zum anderen nicht wahrt, wird jedenfalls vom Schulalter ab von Gleichaltrigen wie von Erwachsenen mehr oder weniger rasch mit Abwenden, Zurückstoßen, ja schließlich mit Brüskieren beantwortet. Gierige Kontaktsucht wird instinktiv als Gefahr der Bemächtigung erlebt und mit Abwehr beantwortet. Deswegen fallen viele scheinbar besonders kontaktfähige Kinder in Wirklichkeit von einer Enttäuschung in die andere und geraten in zunehmende Vereinsamung. Zwar sind sie meist hart im Nehmen und erneuern ihre Bemühungen mit immer anderen Personen. Aber diese Bemühungen gleichen der Unermüdlichkeit einer auf Beute lauernden Spinne. Da sie unangemessen sind, ist auf die Dauer die Zahl der Mißerfolge viel größer als die Zahl der Erfolge. Zu dauerhaften Freundschaften führen die Bemühungen selten. Die „dicken" Freundschaften sind lediglich hochsprühende Strohfeuer.

Aufdringliche Kontaktsucht ist sowohl im Kindes- wie im Erwachsenenalter ein Merkmal der neurotischen Depression, wie sie in Kapitel D beschrieben wurde. Der Mensch fühlt sich in der Tiefe seiner Seele nicht stark genug, um selbständig und in eigener Regie das Leben zu bewältigen. Daraus resultiert das überstarke, das saugende Anlehnungsbedürfnis, das den Abstand zum anderen nicht in angemessener Weise wahrt.

Um klammernden Kindern aus ihrer Not zu helfen, ist es für Eltern wichtig, in der Weise zu verfahren, wie es in Kapitel D beschrieben ist. Wenn es nämlich nicht gelingt, das Defizit aufzulösen, entsteht die Gefahr, daß sich eine große generelle Lebenserschwernis vorbahnt, daß der seelisch Hungrige so etwas wie einen parasitären Charakter entwickelt. Einen solchen haben ungezählte Menschen, die lediglich schenken, um den anderen Dankbarkeit heischend an sich zu binden, die oft überschwenglich geben in der unbewußten Erwartung, dann endlich absolut fordern zu können. Dieser heimliche Bemächtigungsversuch macht untauglich zur Ehe, erschwert und belastet Mutterschaften und ruiniert Freundschaftsbeziehungen. Kontaktsucht von Kindern und Jugendlichen ist grundsätzlich nicht dadurch zu heilen, daß man sich an die „Menschenfresserei" bedingungslos ausliefert. Das überfordert binnen kurzem die Kräfte des Helfers und läßt den Kontaktsüchtigen in einem infantilen Status verharren, ja eher zurückfallen und daran unglücklich werden. Nötig ist vielmehr eine langfristige Begleitung mit fest umgrenzten Stunden mindestens einmal in der Woche, in denen das kontaktgierige Kind und sein Helfer ganz aufeinander eingestellt sind. Es ist aber unabdingbar, diese Stunden von vornherein zu begrenzen, um keinen Riesenanspruch zu züchten und damit es gelernt werden kann, die Realität zu akzeptieren.

Aber auch das Phänomen, daß ein Kind so schüchtern ist, daß es nicht wagt, an die anderen heranzugehen, kommt noch heute vor. Das einsam verwehte Mauerblümchen auf dem Schulhof, das von allen mißachtete linkische schwarze Schaf, das Kind in der Klasse, das kein Lehrer auch nur mit Namen kennt, weil es aus seiner Unscheinbarkeit nie heraustritt – das sind die im Übermaß zurückhaltenden, die Meute fürchtenden Kinder. Ihre Not verstärkt sich in der Pubertät oft geradezu dramatisch, weil ihnen nun ihr Elend auch noch bewußt wird und sich durch verkrampfte Willensanstrengungen eher verstärkt als abbaut. Von den Elternsprechtagen kommt Mutter heim und sagt voller Vorwurf zu ihrem Kind: „Aber Du beteiligst Dich ja gar nicht am mündlichen Unterricht! Gib Dir doch Mühe, lern' Deine Sachen und gib den Lehrern Antwort, wenn sie fragen!" Mit solchen Appellen werden die Erzieher den Schwierigkeiten dieser Kinder nicht gerecht, denn sie sind meistens fleißig.

Sie können oft auch gut zuhören und sich vorzüglich konzentrieren. Sie haben deshalb oft einen viel besseren Wissensstand als die Lehrer vermuten. Sie können sich eben nur nicht artikulieren. Die Möglichkeit, sich darzustellen, ist gehemmt. Ihr Licht brennt unter dem Scheffel. Der bewußt gemachte Druck, sich nun doch endlich am Unterricht, beim Gespräch unter Gleichaltrigen, auf den Partys sprechend zu beteiligen, läßt sie aber gänzlich verstummen. Es gibt kein sichereres Mittel, Kontaktnot zu zementieren als Appelle an den Willen, als Herausstellen und Auffordern: „So, Kind, nun sprich!"

Für den Menschen in Kontaktnot gleicht eine solche wohlmeinende, aber falsche Methode geradezu einer psychischen Folterung, die höllische Qualen auslöst.

Während die gierige Kontaktsuche die Folge eines Zuwendungsdefizits ist und infolgedessen in die Kategorie der Depressionen gehört und mit den dort beschriebenen Therapieformen angegangen werden sollte, ist die Schüchternheit, die Verhaltenheit oft die Folge einer zu willensmächtigen Bemühung von Erziehern in den ersten Lebensjahren. Die extrem sorgsamen, bemühten, das Kind stark dirigierenden Mütter schränken ohne alle Absicht die Fähigkeit des Kindes, den ihm zustehenden Verhaltensspielraum in Anspruch zu nehmen, ein. Dieser Spielraum ist stattdessen von der mächtigen Mutter immer bereits besetzt. Da sie dabei selten kalt ist, sondern warm und sorgsam, bleibt das Kind ihr schüchternes Anhängsel und ist ohne sie, die immer für das Kind spricht, hilflos*. Die sorgsame Betreuung führt zur Entfaltung von Sorgfalt, Fleiß, Gewissenhaftigkeit, Ausdauer – Eigenschaften, die die Schulfähigkeit stark begünstigen und die „stillen Wasser" zu Assen in den schriftlichen Arbeiten werden lassen. Dennoch hindert sie ihre Gehemmtheit, Freude an ihren Erfolgen zu haben und die ihrem Wissensstand entsprechende Anerkennung zu ernten.

Der erste Schritt zur Therapie besteht im Abbau der oft bereits verinnerlichten Sprechforderung. Der schüchtern-schweigsame Jugendliche sollte sich vergegenwärtigen, daß „stille Wasser tief" sind, daß in einer freien Demokratie kein Mensch zum Reden gezwungen werden kann und darf, daß Reden Silber, Schweigen Gold ist, wie das Sprichwort weiß, d.h. die Gehemmtheit muß voll als Wert, nicht als Anlaß für Minderwertigkeitsgefühle angenommen werden, nicht nur von dem Patienten, sondern auch von seiner Umwelt. Der zweite Schritt besteht darin, dem jugendlichen Patienten sein Recht auf die Inan-

* Siehe auch: Rösler, M.: Befunde beim neurotischen Mutismus der Kinder, Z. Kinderpsych. 6, (187–194), 1981.

spruchnahme eines gewissen Verhaltensspielraums bewußt zu machen und zu üben, diesen Spielraum zunächst in der vertrauten häuslichen Umgebung in Anspruch zu nehmen, d. h. am Familientisch den Redestrom der anderen auch einmal zu unterbrechen und laut zu erklären: „Ich habe dazu auch etwas zu sagen" etc. Je jünger das Kind ist, um so mehr muß der therapeutische Akzent auf der Empfehlung an die Umwelt liegen, sich genereller Zurückhaltung zu befleißigen. Den meist so besonders wohlmeinenden Müttern muß deutlich werden, daß ihre Erziehung beste Eigenschaften gefördert hat, daß es nun aber nötig ist, auch noch den Eigenwillen zur Entfaltung zu bringen. Mütter sind glücklich, wenn sie vom Therapeuten hören, daß sie nicht alles verdorben, sondern sogar besonders Gutes geleistet haben und daß es nun lediglich noch darauf ankomme, dem Kind zu mehr Durchsetzung zu verhelfen. Dazu sei die erste Voraussetzung, daß Mutter sich auf den Lorbeeren ihrer Erziehung ausruhe, so daß das Kind mehr seelischen Spielraum bekäme.

Die Sprechblockade pflegt sich in dem Maß zu lockern, in dem dem jungen Menschen Eigenwert und Eigenrecht in seiner Umwelt zugebilligt wird und man ihm durch Zurücknahme der Ausbreitung anderer Willensbekundungen eine angemessene Ausbreitung seines Ich zubilligt.

Anders als bei diesen relativ umgrenzten Problemen mit guten Chancen zur Selbstheilung gibt es so etwas wie ein psychisch bedingtes Verstummtsein von Kindern. Im Grunde kennzeichnet der Ausdruck „Ich bin sprachlos" vorzüglich dieses Verhalten der betroffenen Kinder. Freilich ist das Sprachlos-sein geradezu wie festgefroren und hat seine Wurzel meistens in einem tief erschreckenden Erlebnis der ersten Lebensjahre. Diese Kinder sind praktisch stumm. Sie sprechen nur in der allervertrautesten Umgebung. Weder im Kindergarten noch in der Schule ist ihnen hingegen irgendein Wörtchen abzupressen. Dieser sogenannte „elektive Mutismus" unterscheidet sich unverwechselbar vom sogenannten „Autismus", einer Kontaktstörung, bei der auch die Möglichkeit zuzuhören oder die Personen der Umwelt in Augenschein zu nehmen, nicht vorhanden ist. Autistische Kinder leben wie hinter einer Glaswand und sind deshalb auch nicht in der Lage, altersentsprechende Lernprozesse zu vollziehen. Sie gehören in die Kategorie der schwerbehinderten Kinder, die vieler Bemühungen unter Zuhilfenahme von Fachkräften bedürftig sind. Die lediglich verstummten Kinder sind in der Intelligenzentfaltung meist nicht mehr behindert als andere normal begabte Kinder mit einer mehr oder weniger üblichen Gehemmtheit ihrer Altersgenossen. Bei diesen Kindern ist es sinnvoll, ihnen eine Erklärung für ihre Sprechblockade abzugeben, wie es im Kapitel A beschrieben wurde, um danach in verstehender, übender Bewußtheit daran zu gehen, die Schreckstarre allmählich aufzulösen.

Ganz selten nur bewirkt ein fürchterlicher Schreck, daß ein älteres Kind verstummt. Verheimlichte Vergewaltigungen zum Beispiel können ein Krankheitsbild dieser Art hervorrufen. Ein einziges Mal in meiner Praxis erlebte ich, daß ein junges Mädchen ein Jahr vor dem Abitur verstummte und schließlich aus der Schule entfernt wurde. Psychotherapeutisch ließ es sich relativ rasch lösen: Der Vater hatte die Tochter sexuell mißbraucht und ihr unter Androhung von Mord und Selbstmord verboten, darüber mit irgend jemandem zu sprechen. Exzessive Nöte dieser Art sind also durch Laientherapie in den seltensten Fällen zu beheben. Sie bedürfen des sachkompetenten Helfers außerhalb des persönlichen Umfeldes.

Nicht selten baut sich ein Mutismus auch auf einem leichten, oft gar nicht erkannten frühkindlichen Hirnschaden auf. Die verspätete Entwicklung, vor allem im Sprechen, führt in solchen Fällen zu einer Benachteiligung, die vom Kind als Unfähigkeit zur Selbstbehauptung erlebt wird und bei den Müttern eine zu starke Mobilisierung ihrer Schutzinstinkte zur Folge hat. Dadurch kann sich aber gerade die Benachteiligung intensiv einschleifen, so daß sich psychische Gehemmtheiten aufpfropfen. Ein Übungsprogramm mit dem Ziel, Selbständigkeit, Selbstbehauptung und Erlebnisse der Stärke zu gewinnen, sind angemessenere Reaktionsformen.

L

Lügen und Stehlen

„Nein“, sagt die Ehefrau des Diplomaten verzweifelt, „wir werden unser Kind aus dem Hause geben müssen, wenn das so weitergeht. Diese Beschämung für meinen Mann, diese Schande für mich im Kreis der Diplomatenfamilien. Und dabei dann noch diese Raffinesse, diese Verlogenheit bei einem so jungen Mädchen. Halten Sie es für möglich, daß die Eigenschaften einer Großtante meines Mannes in dem Kind wieder hervorbrechen?“

Ich halte das alles für möglich; aber vorerst lasse ich mir die Vorgeschichte der kleinen siebenjährigen Beatrice erzählen, die ihre Umgebung dadurch verschreckt, daß sie die Gäste ihrer Eltern bestiehlt. Und da diese Eltern, durch den Beruf des Vaters bedingt, sehr viele Gäste, ein sogenanntes „offenes Haus“ haben, gibt es für Beatrice in Hülle und Fülle zu tun. Beatrice ist eingewebt in das turbulente Leben ihrer Eltern: In Deutschland zwar geboren, wurde sie von ihren Eltern in eine südamerikanische Großstadt mitgenommen. Auch dort schon hatte die Mutter reichlich mit Repräsentationspflichten zu tun. Beatrice hatte eine liebe indianische Kinderfrau, an der sie mit großer Zärtlichkeit hing. Aber schon vor Vollendung des zweiten Lebensjahres wurde der Diplomat in den Fernen Osten abberufen und machte sich mit seiner kleinen Familie nach dorthin auf. Das Kind hatte tagelang weder gegessen noch geschlafen, wohl aus Heimweh nach seiner geliebten „Mam“. Dann beugte sich für mehrere Monate ein mongolisches Frauengesicht (nach dem indianischen) über das Bettchen von Beatrice. („Wissen Sie, die einheimischen Frauen sind so zuverlässige Arbeitskräfte“.) Im Alter von fünf Jahren Rückkehr nach Deutschland, und das Haus in Bonn immer voll mit Mexikanern, Negern, Indern, Japanern, Weißen. „Dies ist so besonders eindrucksvoll“, sagt die Mutter, „selten bestiehlt sie Männer, selten auch deutsche Frauen. Die fremdländischen Frauen vor allem sind ihre Opfer. Denen entwendet sie Geld und Schmuck, ja manchmal sogar Wäsche und Parfums.

Es hat lange gedauert, bis wir herausfanden, was überhaupt los war. Oft wurde ja auch erst wochenlang nach dem Besuch angefragt, ob wir die entsprechenden Gegenstände gefunden hätten. Wir hatten nie. Wir fragten auch Beatrice; aber sie log uns mit der scheinheiligsten Miene aus ihren wasserblauen Augen an. Sie schien uns unschuldig wie ein Lamm. Wie sollten wir auch darauf kommen; wir hatten sie gut erzogen. Z. Z. haben wir eine pensionierte Lehrerin angestellt, um die unzureichenden Sprach- und Schreibkenntnisse mit dem Kind nachzuholen. Aber wir hatten die Dame gebeten, auch Gewicht auf eine moralische Erziehung zu legen. Unsere Beatrice kann „mein und dein" wohl unterscheiden. Die wiederholten unerklärlichen Verluste unserer Gäste wurden schlagartig zur Einsicht in die Wahrheit, als eine ausländische Diplomatenfrau zum zweiten Mal unser Gast war und ihre Tasche absichtlich in der Halle stehen ließ, als alle Personen, außer Beatrice, das Haus verließen, um zu einer Veranstaltung zu gehen. Sie hatte die deutschen Geldscheine in ihrer Börse gezählt und bat uns, nach unserer Heimkehr unverzüglich Beatrice zu rufen und ihr auf den Kopf zuzusagen, daß sie die fehlenden Scheine gestohlen habe. Und dennoch log das Kind verletzt schluchzend. Erst als Frau N. drohte, sie würde durch den Vergleich der Fingerabdrücke bei der Polizei die Sache an den Tag bringen, gab sie zu, zwei grüne Zwanziger zwischen mehrere andere in ihr eigenes Portemonnaie gesteckt zu haben. Wir haben sie dann hart gestraft und gezwungen, auch die anderen Diebereien zuzugeben. Sie hatte in einer Abseite eine zusammengestohlene kleine Schatzkammer! Wir haben das meiste zurückgeben können und meinten, nach ausführlichen Gesprächen mit Beatrice, die Sache wäre ausgestanden; aber weit gefehlt. Nur noch ein wenig raffinierter ging die ganze Chose nach wenigen Wochen wieder von vorne an. Helfen Sie uns weiter, wir sind mit unserem Latein am Ende!"

Unerklärlich ist diese Geschichte eigentlich nur, wenn man nüchtern Geld nur als Zahlungsmittel versteht. Aber über solche Mittel verfügte das Mädchen sogar in mehr als ausreichender Weise. Für Beatrice hatte aber das viele Stehlen bei den ausländischen Frauen eine ganz andere Bedeutung: nämlich die der seelischen Bereicherung, um einen elenden seelischen Armutszustand zu überwinden. Und ihr Unbewußtes hatte berechtigterweise die Vorstellung, daß dieser Reichtum bei den ausländischen Frauen zu suchen sei; denn eine Idianerin war es gewesen, die ihr in den entscheidenden Phase ihres Lebens das Kinderglück der Geborgenheit geschenkt hatte. Nicht lange genug freilich; sie wurde von ihrer Ersatzmutter zu früh getrennt und fand etwas annähernd Süßes nicht wieder. Die Sehnsucht danach wurde um so brennender, je mehr die Eltern die Kontinente zu wechseln hatten, je weniger umfriedete Einwurzelung gelang. Wie sollte sie im lauten Diplomatenhaushalt in der Hauptstadt der Bundesrepublik gelingen, in dem sie nebenher lief und allenfalls als Repräsentationsobjekt zu fungieren hatte!

Die Problematik der kleinen Beatrice bewirkt übrigens bei vielen Menschen mit ähnlichen seelischen Defiziten aus den ersten Lebensjahren ein Angezogensein von den Umverteilungsideen der Marxisten, d.h. sie projizieren eigene Bedürfnisse in ihre politischen Ansichten hinein. Den Reichen etwas wegzunehmen, damit die Armen satt werden, das ist ein so eingängiger Vorschlag zur Sanierung der Welt – nicht etwa weil dem ein praktikables, erfolgversprechendes Konzept innewohnt, sondern weil es selbst unter den sogenannten Reichen viele seelische Arme gibt, die von der Notwendigkeit der Bereicherung durch Raub auf dem Boden ihres subjektiven Elends geradezu besessen sind. Bedürfnisse dieser Art lassen sich auch durch noch so viel Umverteilung nicht heilen, weil der grundsätzliche Irrtum darin besteht, daß das In-Besitz-bringen von Materiellem nur ein Teilaspekt des Bedürfnisses ist, durch Nähe, Treue und Wärme seelisch satt zu werden. Nur teilweise sättigt die „Umverteilung" materiellen Besitzes den bohrenden Stachel, ein Besitzloser zu sein. Deshalb wird der Raub zum Zwang. Zum Sattwerden aber reicht er nicht, selbst wenn man sich die ganze Welt unter den Nagel risse. Ebenso wenig ist den seelischen Nimmersatts dadurch zu helfen, daß man ihnen sagt, die Kaufhauskönige hätten ihnen das Kapitel zur Erstellung ihres Unternehmens erst einmal gestohlen, und so seien sie berechtigt, dort zu stehlen, was sich stehlen ließe. Eine solche illusionäre Legitimation bringt zwar viel latente Raubgier in die handgreifliche Verwirklichung, hilft aber aus dem Elend nicht heraus.

Daß es das heute in zunehmendem Maße gibt, daß Menschen

aus sogenannten „guten“ Elternhäusern kriminell, ja zu Terroristen werden, hat viel damit zu tun, daß die „Berufstätigkeit“ der Damen der Upper class, nämlich ihre ständigen Repräsentationspflichten, die sie hindern, bei ihren Kindern anwesend zu sein, nicht mehr durch Kinderfrauen kompensiert werden, die früher meist konstante Ersatzmütter durch die gesamte Kindheit hindurch waren. Der Fall Beatrice ist zwar ein extremer, aber es gibt ihn in abgeschwächter Ausprägung außerordentlich häufig. Die sich im Stehldrang ausdrückende seelische Verarmung ist durch eine zu große Zahl wechselnder Bezugspersonen, der Aupair-Mädchen, Praktikantinnen, Stundenfrauen, Aushilfen, oft auch noch zusätzlich durch zu viel Umgebungswechsel entstanden, so daß die seelische Einwurzelung des Kindes mißlang. Dabei gehören das Lügen und das Stehlen zusammen. Sie sind zwei meist miteinander verkoppelte Symptome einer Basisstörung: mit den Personen der Umwelt nicht in einem Grundkonsens, nicht in einem inneren Einssein zu stehen. Die noch unzureichend eigenständige kleine Seele empfindet sich als abgetrennt, als nicht einbezogen, denn die beschützende Einheit des Anfangs ist nicht zustande gekommen. Dadurch entsteht der „füchsische“ Charakter, nämlich das Bedürfnis des Kindes, sich das ihm Zustehende durch List zu erzwingen. Es entsteht die maskierte Verschlagenheit, die den anderen zwar entgegenkommt, sich aber nie wirklich brüderlich, vertrauensvoll mit ihnen eint. Die fehlende Einfühlung der Betreuenden in das kleine Kind bewirkt einen Ausfall der Einfühlung in den Schmerz des anderen, wenn man ihn seiner Habe beraubt. Vertrauen – so viel, daß es dem anderen schenkbar wäre, ist in solchen Kindern nicht hinreichend vorhanden. Deshalb lügen sie, deshalb gleichen sie im Grunde Raubritterburgen mit tiefen Schutzgräben und hochgezogenen Brücken. Das Lügen von Kindern dient in der großen Mehrzahl aller Fälle ihrem Selbstschutz. Oft geschieht es ganz direkt im Zuge der Bemühung, Bestrafungen oder anderen Unannehmlichkeiten zu entgehen. Bei hartnäckigem Leugnen und Abstreiten irgendwelcher Missetaten ist das zum Beispiel der Fall.

Oft wird das Lügen aber auch eingesetzt, um Aufmerksamkeit zu erregen, um Eindruck zu machen und dadurch Zuwendung zu provozieren. Besonders bei Lügen, die Übertreibungen darstellen, muß den Erziehern deutlich werden, daß das Kind dazu ansetzt, seine Ichschwäche durch geltungsstrebiges Gebaren zu kompensieren.

Allenfalls in der frühen Kindheit, zwischen dem dritten und sechsten Lebensjahr kann das Übertreiben und das Wegnehmen noch den Stellenwert unzureichender Unterscheidung haben. In diesem Alter lernt das Kind erst allmählich unter dem Einfluß seiner Erzieher, Wunschtraum und Wirklichkeit, mein und dein zu trennen. Bei normal intelligenten Kindern ist dieser Lernprozeß aber spätestens mit sieben Jahren abgeschlossen. Ältere Grundschulkinder, die immer wieder Lügenmärchen als Erlebnisberichte auftischen, die ihre Umwelt bestehlen und das hartnäckig abstreiten, gehören in die am Fall Beatrice demonstrierte Kategorie seelisch verarmter Kinder, deren Antriebe immerhin so agil sind, daß ihr Unbewußtes den Versuch macht, Benachteiligung heimlich aktiv zu korrigieren.

Für die Eltern sollte ein solches Verhalten ihrer Kinder im Schulalter Alarmstufe Eins bedeuten, denn ein Verhalten dieser Art kennzeichnet schließlich, daß das Kind in seiner unbewußten Not einen außerordentlich unheilvollen Weg eingeschlagen hat. Nach dem oben Gesagten wird es wohl auch allen Erziehenden deutlich erkennbar sein, daß schrilles Schimpfen, harte, gewaltsame Strafen nicht in der Tiefe heilsam sein können. Zwar kann auf diese Weise der Stehldrang zunächst unterdrückt werden, aber dann meist nur bis an den Beginn der Pubertät oder allenfalls um die Not in eine andere Zielrichtung, etwa eine Suchtgefährdung, abzudrängen. Ja, hartes Diffamieren des kleinen Diebes, des kleinen Lügners kann u. U. bewirken, daß die Bestrafung als Zuwendung erlebt wird und sogar dadurch den Zwang verstärkt. Freilich: Es ist geradezu unabdingbar wichtig, daß die kleinen Untaten aufgedeckt werden. Ignorieren und Bagatellisieren wird von den Kindern als lieblose Gleichgültigkeit mißverstanden und macht neue Bemühungen um Aufhebung des elenden Zustandes notwendig. Es muß mit dem Kind bei jeder Mopserei der Versuch gemacht werden, die Angelegenheit so in Ordnung zu bringen, daß sie ad acta gelegt werden kann. Weggenommene Gegenstände müssen zurückgetragen bzw. mit einer Entschuldigung zurückgeschickt werden, Geldbeträge müssen ersetzt werden, am besten aus dem Sparschwein des Kindes, in Ausnahmefällen auch, indem die Eltern sich bei der Wiedergutmachung durch Zulegen beteiligen. Aber derlei Bemühungen werden nur zu einer konstruktiven Änderung führen, wenn die Eltern sich an der Not des Kindes als mitbeteiligt, als mitverantwortlich, ja mitschuldig fühlen. Das Kind muß erfahren: „Du, das ist eine böse Geschichte, die dir da passiert ist; da müssen wir unbedingt wieder heraus. Man tut sich selbst etwas sehr Schlimmes an, wenn man sich darin einübt, andere Menschen zu bestehlen und zu belügen. Man bekommt so viel Ärger, wenn man 14 ist, sogar mit dem Amtsgericht. Das bringt Schlimmeres als nichts. Freilich: Ich bin mir sicher, daß du nicht böse sein willst. Du schleppst da vielmehr noch etwas von früher mit dir herum. Wir haben es ja auch schwer gehabt: Wir haben zu wenig zusammen sein können. Wie wollen das jetzt anders machen."

Und dann werden Vorschläge gemacht (im Sinne der ersten Kapitel), wie man durch liebevolle Gemeinsamkeit den Teufel auszutreiben gedenkt.

Wenn Kinder im Grundschulalter bei wiederholtem Stehlen entdeckt werden, sind Eltern wohlberaten, wenn sie selbst ihren Lebensstil langfristig ändern. Mütter, die jetzt ihre Arbeitsstelle aufgeben und „Nur-Hausfrauen" werden, Väter, die sich darum bemühen, sich vom Außendienst weg in eine Tätigkeit versetzen zu lassen, die es ihnen möglich macht, mittags und abends zu Hause anwesend zu sein, Großeltern, die evtl. einspringen, wenn das alles nicht möglich ist, indem sie das gefährdete Kind vielleicht für zwei Jahre ganz in ihre Obhut nehmen, haben alle Chancen, eine Fehlentwicklung aufzuhalten, die sich jenseits der Pubertät selten noch von den Angehörigen korrigieren läßt. Jede Menge an Aufwand lohnt sich, wenn das Kind einen Stehlzwang entwickelt hat*.

Wie richtig kann uns die Weisheit des Märchens vom „Meisterdieb" verdeutlichen, daß nur der junge Baum durch Aufbinden zum geraden Wachstum gebracht werden kann, daß es zu spät ist, diesen Versuch noch mit einem ausgewachsenen zu machen!

Beatrice Eltern haben den gravierenden Stellenwert in der Verhaltensstörung ihres Kindes erkannt und ein großes Opfer gebracht: Beatrice und ihre Mutter haben sich für zwei Jahre eine kleine Wohnung in ländlicher Umgebung vor den Toren

---

* Remschmidt, H.: Neuere Ergebnisse der Kinderdelinquenzforschung, 2, (29–39), 1978.

der Bundeshauptstadt genommen. Die Mutter wurde von den Repräsentationspflichten völlig befreit nach dem Motto: Wenn eine schwere *körperliche* Krankheit einen langfristigen Sanatoriumsaufenthalt nötig machen würde, hätte die Mutter das Kind auch begleitet und für ein offenes Haus nicht präsent sein können. Gemeinsames Schwimmen und Reiten gehörte zum täglichen Leben von Mutter und Kind. Die Mahlzeiten fanden in wohltuend strenger Regelmäßigkeit zu zweit oder zu dritt mit dem Vater statt. Nach zwei Jahren war Beatrice so stabilisiert, daß man ihr das Bonner Leben wieder zumuten konnte. Heute ist sie eine seelisch gesunde 14jährige, die ihre Aufgaben mit Elan anpackt.

M

Motorische Unruhe

Seelisch gesunde Kleinkinder haben einen schier unerschöpflichen Bewegungsdrang. Das ist außerordentlich sinnvoll: Hat sich der kleine Mensch erst einmal auf seine Beine gestellt, so muß er seine Muskulatur entwickeln, muß Körperbeherrschung lernen, muß sich die Umwelt vertraut machen, um dem Leben gewachsen zu werden. Dabei hat das „Normale“ eine große Spannbreite: Buben sind laut neuer relevanter Forschung durchgängig motorisch lebhafter als Mädchen*; aber über lange Zeit besinnlich spielende Kleinkinder sind ebenso gesund wie andere, die nicht stillsitzen können. Von einer bedenklichen Übererregbarkeit sprechen wir erst, wenn das Kind jenseits der Siebenjährigkeit selbst während des Schulunterrichts unfähig ist, sich still zu verhalten, auf seinem Platz sitzen zu bleiben, wenn es, gleich in welcher Situation, einen fahrigen Bewegungsdrang an den Tag legt, der es hindert, bei irgendwelchen Tätigkeiten auszuharren, sei es beim Essen, Spielen oder Schularbeiten machen.

Es ist für Eltern wichtig, zu wissen, daß die übersteigerte motorische Unruhe hirnorganisch bedingt sein kann. Deshalb ist es nötig, mit Hilfe eines spezialisierten Kinderneurologen in solchen Fällen eine Differenzialdiagnose anzustreben**. Kinderärzte haben ein spezielles Medikament gegen die organisch bedingte Hyperkinese entwickelt***. Es ist also falsch, ohne eine vorhergehende gründliche körperliche Untersuchung bei einem ärztlichen Spezialisten eine lediglich psychisch bedingte Ursache

---

* Siehe Merz, F.: Geschlechterunterschiede und ihre Entwicklung, Göttingen 1979.

** Siehe die sozialpädiatrischen Zentren von Prof. Pechstein, Mainz, Prof. Hellbrügge, München.

*** Eichsleder, W.: Praktische Hinweise konzentrationsgestörter hyperaktiver Kinder mit Stimulantien. Der Kinderarzt 12, S. 1884–1851 (1981).

der motorischen Übererregbarkeit von vornherein anzunehmen. Freilich gibt es sie, und zwar keineswegs selten. Das am Anfang dieser Schrift Gesagte gilt auch hier: Angst läßt sich durch Bewegung erträglich machen. Hektisches Agieren kann zum eingebahnten Abwehrmechanismus gegen große innere Beunruhigung werden. Wenn Kinder eine starke motorische Unruhe zeigen, muß man also herauszufinden versuchen, was sie wohl beunruhigt. Eine zerbrechende Elternehe zum Beispiel kann ein Kind so sehr beunruhigen, daß es zum Zappelphilipp wird. Es gibt auch typische unbewußte Konflikte, die, wenn sie nicht phasenspezifisch bewältigt werden, Unruhe auslösen können, zum Beispiel wenn der kleine Sohn in eine erotisch getönte Fixierung an die Mutter gerät und die Identifikation mit dem Vater ausbleibt. Übersteigerte, zu lang erhaltene überenge Mutterbindung löst bei Söhnen Gewissensangst aus, die dann meist auf den Vater projiziert wird und objektiv unbegründet Angst vor kastrierenden Gewalttätigkeiten durch ihn hervorruft. Eine solche ungelöste und verlängerte „Ödipussituation" kann Buben im Grundschulalter geradezu panisch machen, ohne daß die Umwelt und das Kind selbst in der Lage sind, die Ursache der Beunruhigung zu erkennen.

Es kann auch existentielle Ängstigung entstehen, wenn zum Beispiel ein jüngeres Geschwister fortgesetzt dem älteren den Rang abzulaufen beginnt und diesen ins Out abdrängt. Scheidungswaisen sind nicht selten unfähig, sich auf irgendetwas zu konzentrieren, weil sie im Kreidekreis zwischen den Eltern stehen und von diesen hin- und hergezerrt werden. Die immer erneute Forderung an das Kind, sich für Mutter oder Vater zu entscheiden, den einen zu lieben und den anderen mitzuhassen, kann das Kind in einer gänzlich unzumutbaren Weise überfordern und quälen, so daß die Flucht in die Hypermotorik ein quasi lebensrettender Ausweg ist.

Nicht selten liegen aber überhaupt keine akuten Beweggründe vor, sondern das Kind wurde lediglich in seinen Grundbedürfnissen zu wenig abgesättigt. Konrad Lorenz hat bereits an höheren Tieren nachgewiesen, daß ihr Neugierverhalten, daß ihre Konzentrationsmöglichkeit für neue Lernschritte eingeschränkt bleiben, solange nicht die vitalen Triebe befriedigt wurden. Das könnten, wie es bereits beschrieben wurde, Defizite im Nahrungs- und Bindungsbereich sein.

Beim Auftreten von motorischer Unruhe kann auch der Bewegungsdrang der frühen Kindheit unangemessen lange drastisch eingeengt gewesen sein, so daß er sich später mit Macht Bahn bricht. Bei Kindern, die in engen Wohnungen, bei geräuschempfindlichen Erwachsenen auf Stillsein dressiert worden sind, kann das so sein oder auch bei denen, die eine lange Leidenszeit der Unbeweglichkeit durch Gipsverbände und ähnliches in ihrer Kleinkinderzeit durchmachen mußten.

Es läßt sich also erkennen: Selbst, wenn eine rein organische Ursache der motorischen Unruhe ausgeschlossen worden ist, gibt es über ihre psychische Verursachung noch viel zu rätseln. Beruht sie nur auf einer bisher zu geringen körperlichen Betätigung, so ist die Schwierigkeit durch mehr Sport, durch das Ermöglichen von nachholenden motorischen Betätigungen in kontinuierlichem Einsatz der Erziehenden in einigen Monaten meist zu lösen. Das Diffuse der Motorik durch systematischen Sport, durch sportliches Spiel mit der Notwendigkeit, Spielregeln einzuhalten, zu beseitigen, ist dabei ein gezieltes Mittel, um voranzukommen.

Wenig förderlich ist es, wenn Eltern ihre verschiedenen Kinder im Hinblick auf die Motorik alle über den gleichen Kamm zu scheren suchen, etwa die lebhafteren mit Forderungen zum Stillsitzen zu traktieren und zu tadeln, die ruhigeren zu loben. Es gibt auch große angeborene Unterschiede im Hinblick auf die motorische Bedürftigkeit. Mädchen erweisen sich in den Grundschuljahren als schulfähiger, weil sie mehr „Sitzfleisch" haben. Aber dieser Unterschied wird nicht dadurch ausgeglichen, daß man die Schwestern ihren Brüdern zum Vorbild macht. Es muß vielmehr dafür gesorgt werden, daß das Bedürfnis nach Bewegung konstruktiv abgeführt wird. Wenn Buben nach der Schule keine Gelegenheit hatten – etwa weil sie eine längere Zeit im Schulbus zubringen mußten – sich auszutoben, sollte man ihnen das zubilligen, am besten in einer Zeitspanne noch vor dem Essen, so daß sie danach so entspannt sind, daß sie mit den Schularbeiten beginnen können. Radfahren, Rollschuhlaufen, Torschießen, Federball- und Fangenspielen tun hier gute Dienste, um die Konzentrationsmöglichkeit auf die Schularbeiten vorzubahnen.

Daß viele Schulklassen heute so unruhig sind, daß das Unterrichten zur Schwerarbeit wird, liegt an der unzureichenden Absättigung der vitalen Grundantriebe in den ersten Lebensjahren. Zu frühes Abschieben der Kinder in Kollektiverziehung, zum Beispiel in Tagesstätten oder Wochenkrippen, fehlendes Grenzensetzen in einer vernachlässigenden Erziehung oder auch ein hemmungsloser, die Schlafzeit zu stark einschränkender Fernsehkonsum können ebenfalls verursachende Faktoren motorischer Unruhe sein. Da Unruhe in der Gruppe darüber hinaus ansteckend wirkt, brauchen nur einige motorisch Übererregbare Unruhe zu verbreiten, um bei einer großen Schar ungebändigte Bewegungslust zu aktivieren, so daß sich die Kinderschar in einen nicht regierbaren Haufen verwandelt.

Gegen dieses immer häufiger eintretende Desaster hilft allenfalls die Einrichtung von sehr viel mehr Sportstunden und die Reduzierung der Klassen auf überschaubare Stärken, die es den Lehrern möglich macht, den einzelnen Kindern zu helfen, durch personalen Kontakt das beunruhigende emotionale Defizit zu verkleinern.

N

Nägelbeißen und Daumenlutschen

Unsere Zähne dienen gewiß in erster Linie dem Zerkleinern der Nahrung. Es ist dem Menschen aber urtümlich selbstverständlich, sie auch als Verteidigungsinstrument zu gebrauchen. Kleine Kinder müssen lernen, daß Beißen unerwünscht ist. Spontan benutzen sie die Zähne, um zuzubeißen, wenn ihnen ein Gleichaltriger zu nahe tritt, wenn sie auf ein Geschwister wütend sind, wenn sie ihre Mütter bestrafen wollen. Ohne energisches Verbieten der Erziehenden würden vermutlich viel mehr Kinder ihre Zähne als Aggressions- und Verteidigungsinstrument gebrauchen. Sich durch Beißen zur Wehr zu setzen, ist eine elementare Möglichkeit des Menschen. Übersteigt das Maß der Willenseinschränkung das dem Kind Zuträgliche, ohne daß es die übersteigerte Fremdbestimmung abwehren kann, so beginnt es sich selbst zu beißen. Die Finger dazu in den Mund zu stecken und die Nägel abzubeißen, ist das am Naheliegendste. Deshalb kommt es auch unter allen Selbstbeißereien am häufigsten vor. Freilich lassen sich auch die Lippen und die Wangenhäute zerbeißen, ja es lassen sich die Kiefer aufeinanderpressen, so daß es (vor allem während des Schlafes) zum Zähneknirschen kommt. Manche Kinder beißen und reißen auch an den Nagelhäuten, einige benutzen auch ein Beißtuch oder den Bettzipfel als Beißobjekt. Alle diese Erscheinungen haben einen Sinn: ohnmächtige Wut abzuführen, nicht entfaltbarem und blockiertem Willen ein Ventil zu schaffen.

Diese Hintergründe zu erkennen ist für Eltern wichtig. Sie kommen dann nicht mehr auf die Idee, das Nägelkauen durch Ermahnen und Strafen abschaffen zu wollen. Viel besser ist es, die Beißerei gar nicht zu beachten. Wer versteht, daß das Unbewußte des Kindes sich ein Ventil suchen mußte und es auch gefunden hat, wird es ihm auch gar nicht ausreden oder abdressieren wollen. Von großem Wert ist hingegen, daß die Eltern herauszufinden suchen, wodurch ihr Kind sich wohl zu weitgehend eingeengt, zu sehr überfordert fühlt. Es ist auch sinnlos, dem zum Beispiel entgegenzusetzen: „Aber wie sollte sich unser Christian durch diese wenigen Schularbeiten überfordert fühlen? Wir mußten für die Schule dreimal so viel leisten." Es sollte vielmehr erkannt werden, daß es kein allgemeingültiges, festsetzbares Maß für Überforderung gibt; jeder Mensch hat sein eigenes. Daß viele Kinder heute sehr viel rascher Überforderungssymptome wie das Nägelbeißen zeigen, ist ein Zeichen dafür, daß sie weniger tragfähig sind, daß ihnen so viel Leistung wie den Kindern der Elterngeneration nicht mehr zumutbar ist. Auch diese Gegebenheit hat viel damit zu tun, daß die Nahrungsbedürfnisse im Säuglingsalter nicht mehr naturgemäß abgesättigt werden*, so daß eine generelle Minderung der seelischen Stabilität im Untergrund entstanden ist. Eingrenzung des Eigenwillens kann erst dann konstruktiv sein, wenn bereits kraftvolle seelische Substanz zur Entfaltung gelangt ist; sonst kommt es zur Einbuße der Entfaltungsmöglichkeit. Das Nägelbeißen ist dafür ein beachtenswertes Zeichen.

Es ist deshalb nicht möglich, globale Ratschläge zu seiner Beseitigung zu geben. Eltern müssen sich zum Beispiel fragen: Wird das Kind im häuslichen Bereich zu sehr eingespannt? Kann es zu wenig selbständig seine eigenen Impulse leben? Muß es im Übermaß tun, was andere wollen? Ist es zu früh zur Schule gekommen? Kann man ihm so viel Stillsitzen noch nicht zumuten? Sitzt es zu lange über seinen Hausaufgaben? Wird es zu stark von irgendwem dirigiert? Dem Kind mehr Möglichkeiten zu vermitteln, auch bei sich selbst sein zu dürfen und nicht nur ein Manipulationsobjekt seiner Umwelt zu sein, muß jedenfalls angestrebt werden, wenn das Symptom des Nägelbeißens aufgetreten ist. Nötig ist auch, solche Veränderungen so rasch wie möglich anzuberaumen, denn wenn das Nägelbeißen erst einmal über Monate und Jahre besteht, ist es selbst dann nur schwer zu beseitigen, wenn die Notwendigkeit dazu nicht mehr vorhanden

---

* Ausführliche Darstellung der im Säuglingsalter entstehenden Einbuße an Belastungsmöglichkeit in Christa Meves: Erziehen lernen, Bayerischer Schulbuchverlag, 6. Aufl. 1980, Die Schulnöte unserer Kinder, Gütersloher Verlagshaus, 7. Aufl. 1981, Verhaltensstörungen bei Kindern, Piper Verlag, 6. Aufl. 1976.

ist. Die Gewöhnung bewirkt schließlich einen eigenständigen Automatismus, der auch erhalten bleibt, wenn dem Menschen genügend Spielraum zur Verfügung steht.

Vom Jugendalter ab beginnen die Kinder dann nicht selten an dem Zwang zum Knabbern zu leiden, erstens weil sie sich durch den häßlichen Anblick und zweitens durch ihre Willensschwäche gemindert fühlen. In solchen Fällen ist es erfolgversprechend, den Kindern bewährte Praktiken zum Abgewöhnen nahezulegen und zu erproben*. So läßt sich dem Willigen ins Bewußtsein rufen, daß der Impuls zum erneuten Beißen vor allem dadurch hervorgerufen wird, daß durch den Biß immer wieder eine Unebenheit am Nagelrand entsteht, die als unangenehm erlebt wird, so daß man sie so rasch wie möglich beseitigen möchte. Deshalb ist es sinnvoll, in der Hosentasche ständig eine sehr gute Nagelfeile bei sich zu tragen. Immer wenn der Impuls zum Abbeißen der Unebenheit auftaucht, sollte sie sorgsam mit der Feile entfernt werden. Es lohnt sich auch, sich vorzunehmen, zuerst einen, dann zwei und allmählich weitere Nägel vom Beißen auszuschließen und sich am Entstehen weißer Nägelränder zu freuen. Die mitbemühten Bezugspersonen sollten mit Kleinigkeiten belohnen, wenn einige Fingernägel über Tage unbebissen sind. Bei Mädchen in der Pubertät kann man eine verschönernde Nagelpflege anschließen. Rückfälle sollten übergangen, Fortschritte freudig registriert werden. In der zentralen Phase des Abgewöhnens kann es auch sinnreich sein, harte Äpfel, rohe Mohrrüben oder Kohlrabischeiben anzubieten, um den Beißzwang umzuleiten.

Aber einem solchen Kurieren an Symptomen sollte grundsätzlich viel Verändern im Lebensstil des Kindes in der oben beschriebenen Weise vorausgehen.

Um eine andere Manipulation an den Fingern machen sich Eltern oft Sorgen: um das Daumenlutschen. In gewisser Weise ist sie auch berechtigt. Als erstes: Wenn der Finger zu oft und zu lange durch eine Kindheit lang in den Mund gesteckt wird, entwickelt sich ein Überbiß, der die Zahnärzte bekümmert, denn es ist dann im Grundschulalter nötig, die langjährige Mühsal einer Gebißkorrektur auf sich zu nehmen. Das aber ist ein Regula-

---

* Siehe auch Christmann, F. und Sommer, G.: Verhaltenstherapeutische Behandlung des Fingernägelbeißens, Z. Kinderpsych. 4, (139–145), 1976.

tionsversuch, zu dem so viel Geduld gehört, wie sie gerade die kleinen Daumenlutscher und ihre Eltern häufig nicht aufbringen – jedenfalls beklagen das die Zahnärzte.

Als zweites: Das zwanghafte Daumenlutschen bis ins Grundschulalter hinein – auch am Tage und statt zu spielen durchgeführt – ist ein Zeichen für ein extrem starkes, unabgesättigtes Saugbedürfnis. Ungesättigtsein dieser Art hat aber eine Neigung zu depressiven Gestimmtheiten zur Folge, wie sie in den Kapiteln D, E, F, U und V beschrieben werden. Es ist also nötig, das Daumenlutschen als das Zeichen einer seelischen Gefährdung zu betrachten.

Die beste vorbeugende Maßnahme, um ein Daumenlutschen gar nicht erst zum Zwang werden zu lassen, ist das Stillen nach Bedarf durch die gesamte Säuglingszeit hindurch. Wohlgemerkt: Nicht nur Brustnahrung statt Flaschennahrung bewahrt davor, sondern ein Anlegen des Kindes an die Brust *jederzeit,* wenn es danach verlangt, auch nachts; denn nur so ist es möglich, das Saugbedürfnis des Kindes wirklich abzusättigen, ohne daß eine suchtgefährdende Sehnsucht zurückbleibt. Sigmund Freud hat uns die Bedeutung des Mundes als „erogene Zone" der Säuglingszeit und ihre Bedeutung für die spätere Charakterentwicklung zwar deutlich gemacht, aber die pflegerischen Konsequenzen, die man daraus ziehen mußte, hat man trotz allen seinen Ansatz bestätigenden Erfahrungswissens nicht ziehen wollen; denn die Konsequenz müßte heißen, daß man es den Müttern ermöglichte, sich ihren Kindern in der Säuglingszeit unaufhörlich hinzuhalten. Die internationale Stilliga allein, „La leche ligue", hat hier die notwendigen Konsequenzen gezogen und vermittelt den Müttern praktikable Ratschläge zur Säuglingspflege, deren positive Bedeutung für die spätere Persönlichkeitsentwicklung gar nicht hoch genug eingeschätzt werden können. Freilich: Durchführbar wäre das für den Säugling Notwendige als kollektives Programm nur, wenn nicht nur die Säuglingsmütter von aller Berufstätigkeit freigestellt würden, sondern wenn ihnen eine Hilfskraft zur Verfügung gestellt würde. Ohne eine absolute Freistellung der Mutter ist das Programm nicht durchführbar, weil der nach Bedarf gestillte Säugling viel weniger schläft und die Mutter praktisch ständig beansprucht. Diese Handhabung ist aber eine Gewähr, nicht nur um Daumenlutschen, sondern um spätere Naschsucht, Trinksucht, Zigarettensucht, Trunksucht und die in den Kapiteln D und W beschriebenen Gefahren lebenslänglicher lebensvergällender und -erschwerender Depressionen im Ansatz entscheidend zu verringern. Besorgte Mütter sollten freilich unterscheiden: Daß Gefahr im Verzug ist, läßt sich erst dann fürchten, wenn ein Kind noch im Schulalter, auch am Tage und statt zu spielen am Daumen lutscht; denn erst das macht sichtbar, daß das Kind an einer extrem starken „oralen" Bedürfnisspannung leidet. Es gehört hingegen zum „normalen" Verhalten eines Kindes, daß es, wenn es Trost sucht, einmal seinen Daumen oder einige der anderen Finger seiner Hand in den Mund steckt.

Wenn ein Kleinkind fortgesetzt am Tage am Daumen lutscht, so verdient das zwar Beachtung der Erziehenden, aber eine Beachtung, die man dem Kind auf gar keinen Fall mitteilen sollte.

Bei allen Manipulationen dieser Art – das Nägelbeißen eingeschlossen – bewirkt der Befehl, dergleichen zu unterlassen, das Gegenteil: Der Befehl erzeugt Unlust, die die Notwendigkeit, sich von ihr durch die eingewöhnte Ersatzbefriedigung zu entlasten, verstärkt.

Ablenken und Zuwenden mit Praktiken, wie sie in den Kapiteln D, H und L beschrieben werden, haben bei entsprechender Geduld sehr viel mehr echte Erfolgsaussicht. Brutales Unterbinden durch Anlegen von Manschetten, durch Bestreichen der Finger mit Senf, durch Schläge und Mißhandlungen bewirken zwar, daß die Neigung abrupt verschwindet, aber nie, ohne Schlimmerem Platz zu machen. Nur im besten Fall kommt es zu einer Symptomverschiebung, d.h. zum Auftreten einer anderen Schwäche. Im übleren Fall findet eine Verdrängung statt, die später – oft erst im Jugend- oder Erwachsenenalter – als böse Unbeherrschbarkeit verschiedenster Art zum vulkanartigen, dann nicht mehr aufhaltbaren Durchbruch gelangt.

Vor gewaltsamer Unterdrückung der in diesem ABC genannten Symptome kann gar nicht nachhaltig genug gewarnt werden.

Ein angängiges Mittel zum allmählichen Abbau eines noch übermächtigen Saugbedürfnisses ist es, die Kinder ihr Trinkbedürfnis so oft wie möglich mittels eines Strohhalms absättigen zu lassen. Zweifelhafter ist hingegen der Schnuller, jedenfalls wenn er als Therapeutikum jenseits der Säuglingszeit verwendet wird. Die neuerliche Mode, die Schnuller und Saugflaschen mit süßer Flüssigkeit zu füllen, kann das suchtartige Bedürfnis nach

Süßigkeiten verstärken, schon ganz und gar, wenn ein Mangel an seelischer „Süße" besteht. Auf diese Weise kann eine Fettsucht bzw. eine krankhafte Naschsucht mit all ihren quälerischen Problemen vorgebahnt werden, von der Zerstörung des Gebisses, über das die Kinderärzte entsetzt klagen, abgesehen*.

Es gilt für Eltern heute, sehr grundsätzlich zu erkennen, daß keinem Defizit eines echten Bedürfnisses durch ein Variieren mit immer neuen Erfindungen von Ersatzpräparaten begegnet werden kann, sondern lediglich durch einen echten, seelischen Einsatz, wie er in den Kapiteln D und L beschrieben wird.

Gelingt es nicht, den Zwang zum Daumenlutschen abzugewöhnen, so muß den Eltern bewußt werden, daß die erste gerauchte Zigarette, der erste kleine Alkoholschwips für ihre Kinder so etwas wie einen Sog, eine oft dann kaum mehr bezwingbare Riesenversuchung darstellt. Eltern zwanghaft daumenlutschender Kinder sollten sie darauf aufmerksam machen. Genauso wie man alles tut, um einen Allergiker nicht durch eine Impfung zu gefährden, wie man alles tut, um einen Bluter davor zu bewahren, sich zu verletzen, sollten daumenlutschende Kinder davor bewahrt werden, Zigaretten oder Alkohol zu probieren. Es müssen den Kindern vielmehr reichliche Angebote zur Absättigung der oralen Gier gemacht werden. Vor allem aber sollte vom zehnten Lebensjahr ab immer wieder mit den Kindern Aufklärung darüber betrieben werden, was für ein lebenszerrüttendes und lebensverkürzendes Elend Alkohol- und Rauschgiftabhängigkeit bedeutet. Abschreckende Schilderungen von der allerrealistischsten Art sind in diesem Alter angebracht, um den Kindern einsichtig zu machen, daß es kein Heldentum und kein Erwachsensein bedeutet, sich mit Genußmitteln zu ruinieren. Bereits die Kinder müssen begreifen, daß die Suchtgefahr so etwas Ähnliches darstellt wie eine Lawine, vor der es keine Rettung gibt, wenn man erst einmal in ihre Bahn geraten ist.

---

* Sprockhoff, O.: Eine neue Kinderkrankheit: Die Nuckelflasche. Deutsches Ärzteblatt 1 (1982), S. 40.

O

Opposition

(Geschwistereifersucht, Aggressionen, Sprechverweigerung)

Die Schule will den elfjährigen Martin nicht behalten. „Er ist untragbar für uns", sagt der Schulleiter, als ich ihn anrufe. „Wir sind ja einigen Kummer gewohnt", fährt er bitter lachend fort, „aber dieser Knabe ist derart renitent, derart aufsässig, daß er uns das Arbeitsklima gänzlich verdirbt. Und er treibt's mit allen. Es ist nicht etwa so, daß man ihm durch Versetzen in eine andere Klasse helfen könnte. Er tut grundsätzlich das Gegenteil von dem, was angeordnet wird, er ist unangenehm frech, er arbeitet überhaupt nicht mit, er stört den Unterricht, wo er kann, und zwar mit nicht erlahmender Hartnäckigkeit. Ich halte es für möglich, daß er intelligent ist, aber richtig beurteilen läßt sich das nicht, er steht in allen Fächern auf Sechs und hat bestimmt kaum aufholbare Lücken. Mit den Eltern haben wir oft genug gesprochen; sie sind gänzlich machtlos. Es hilft uns nicht, daß sie versprechen, den Sohn an die Kandare zu nehmen. Sie schaffen das einfach nicht. Wir haben keine andere Wahl, als ihn der Sonderschule zu übergeben." Ich bitte um Fristverlängerung bis zum Schuljahrschluß. „Das sind noch fast fünf Monate", gebe ich dem resignierten Rektor zu bedenken, „lassen Sie es uns bitte wenigstens versuchen!"

Diese Hoffnung habe ich erst nach der testpsychologischen Untersuchung von Martin und einem ausführlichen Gespräch mit seinen Eltern entwickelt, denn daraus ergab sich, daß er weder ein Sonderschulkind ist, noch daß es seinen Eltern an Bereitschaft zur Änderung mangelt.

Martin ist der mittlere von fünf Kindern im Orgelpfeifenabstand. Er hat zwei ältere Brüder und zwei jüngere Schwestern. Als er geboren wurde, begann sein „Vorgänger" gerade zu laufen; er war noch im Krabbelalter, als die älteste Tochter geboren wurde. „Martin war immer das fünfte Rad am Wagen", gesteht die Mutter ein, „bei den beiden Ältesten hat meine Mutter noch mit im Hause gelebt und tüchtig mit zugepackt. Hart wurde es nach ihrem Tod in der Zeit, als Martin klein war. Da war ich einfach überlastet. Später, als der Schornstein besser rauchte und unsere Jüngste geboren wurde, hatten wir eine Praktikantin, die sich besonders liebevoll um die beiden kleinen Mädchen kümmerte. Eigentlich schon ziemlich früh, so mit vier Jahren, begann Martin bereits zu Hause enorm dickköpfig zu werden. „Nein“ war sein häufigstes Wort. Ich kann gar nicht zählen, wie oft dieser Junge überhaupt pro Tag „nein“ sagt. „Das Erziehen wird dann so schwierig“, seufzt die Mutter, „sie ist so aufreizend, diese ewige Opposition!“

Was hat Martin für endlos viele Ohrfeigen dafür bekommen! Aber er dachte gar nicht daran, sich zu ändern. Je größer die Kinder wurden, umso mehr wurde er auch in der Familie das „schwarze Schaf“. Die kleinen Mädchen lachten ihn aus, und die älteren Brüder schubsten ihn weg. Das hat ihn sicher noch mehr verhärtet. Die Schule wurde von Anfang an zur Katastrophe. Diese vielen Beschwerden der Lehrer, die Klagen und die schulterzuckende Verachtung der Miteltern. Bald sagten uns verschiedene Leute, daß Martin doch wohl nicht ganz richtig im Kopf sei. Wir sind daraufhin zum Arzt gegangen und haben seinen Kopf gründlich untersuchen lassen. Nichts – der Junge sei absolut in Ordnung, wurde uns gesagt. Es war ein riesiger Aufwand, aber geändert hat sich gar nichts“, schließt die Mutter ihren Bericht.

Ich unterstreiche zunächst, wie nötig dennoch die neurologische Untersuchung gewesen sei; denn nicht selten ist eine solche oppositionelle Schwererziehbarkeit in der Tat organisch bedingt und bedarf einer entsprechenden Reaktion der Umwelt des Kranken. Aber viele der kleinen Neinsager sind lediglich auf dem Boden seelischer Nöte in ihrem Verhalten wie rotierende Brandbomben: Sie versprühen fortgesetzt feurige Aggressionen und entzünden so allerorten Gegenaggressionen in ihrer Umwelt.

Dabei ist die Fehlentwicklung durchaus einsehbar, wenn man erst einmal begriffen hat, daß die Pflanze Mensch an ihrem Lebensanfang zart und verletzbar ist und der intensiven Betreuung bedarf. In natürlichen Gesellschaften werden Geschwister im allgemeinen nicht in einem jährlichen Abstand zur Welt gebracht. Die Wahrscheinlichkeit einer neuen Empfängnis ist beträchtlich herabgesetzt, wenn eine Mutter ihr Kind in den ersten sechs Monaten absolut voll stillt. Die voll, nach Bedarf, stillende Mutter ist weniger empfängnisfähig. Die Natur schafft dem einzelnen Kind gewissermaßen die Voraussetzung, nicht in einem zu engen Abstand von Geschwistern umstellt zu werden.

Bei Martin war das aber der Fall. Seine Opposition, seine fortgesetzte Abwehr ist ein unbewußter Schrei seiner Seele, etwa im Sinne der Worte von Ingeborg Bachmann: „Abstand, um Himmelswillen Abstand!" Aggressive Daueropposition als Haltung läßt sich in der Praxis deshalb häufig bei den mittleren Kindern einer Geschwisterschar beobachten. Sie können nämlich die Tatsache, daß da noch Mitesser, Mitbeanspruchер und Platzverdränger in Gestalt der Geschwister vorhanden sind, oft am wenigsten ertragen, das heißt: Ihre Schwierigkeit hat nicht primär ihre Ursache darin, daß sie auf ihre Geschwister eifersüchtig sind, sondern sie konnten am Anfang nicht genug seelische Kraft erwerben, um ihre Geschwister aushalten zu können.

Diese Problematik ist übrigens häufig auch bei Adoptivkindern gegeben. Viele wohlmeinenden Eltern von angenommenen Kindern, die auf dem Boden der Unverwahrtheit in der Säuglingszeit vermehrte Schwierigkeiten machen, glauben sie durch die Adoption eines weiteren Kindes verringern zu können. Aber das ist dann nicht selten ein enttäuschender Irrtum: Die Schwierigkeiten steigern sich, statt weniger zu werden, weil das noch seelisch schwache Kind das Adoptivgeschwister als Rivalen erlebt, der es gefährdet, das Defizit an Zuwendung niemals nachzuholen. Ein einziges am Anfang unzureichend betreutes Kind schöpft oft die ganze Liebeskraft bemühter Ersatzeltern aus. Geschwisterschaft heilt in solchen Fällen nicht, sondern behindert die seelische Sanierung.

Bei den mittleren Kindern in einer Geschwisterschar ist die Sachlage manchmal ein wenig ähnlich. Auch sie können das Gerangel im Nest gelegentlich seelisch noch nicht aushalten. Es darf schließlich nicht übersehen werden: Im allgemeinen wird den Ältesten die umfänglichste Mühewaltung zuteil, was sogar dazu führt, daß sie statistisch die erfolgreichsten Schüler sind; denn wie man in den Wald hineinruft, so schallt es heraus: Sorgfalt der Mutter läßt die Charaktereigenschaft Sorgfalt bei der Schularbeit entstehen, Gehorsam der Mutter gegen die Ansprüche ihrer Säuglinge erzeugt freiwilligen Gehorsam der Kinder gegen die Leistungsforderungen der Lehrer. Wenn ein liebevolles Elternpaar opferbereit die Betreuung des ältesten Kindes übernimmt, hat es meist gegenüber seinen nachgeborenen Geschwistern einen kaum von diesen aufholbaren Vorteil. Allenfalls das Jüngste hat einen ähnlichen Schicksalsbonus, denn es bleibt in den Augen der Eltern das Kleinchen, das am meisten Hilfsbedürftige und wird dieser Rolle nicht wie alle anderen vor ihm durch die Geburt eines weiteren Geschwisters enthoben. Die Mittleren haben allenfalls den Vorteil, sich durchsetzen zu müssen und sich durchsetzen zu lernen. Ist der Platz aber zu schmal und die seelische Substanz nicht füllig genug, so bekommt das Sich-selbst-Behaupten den Akzent des Wegbeißens. Ahnden die Eltern derlei Feindseligkeiten mit Liebesentzug, so erlebt sich das Kind als zusätzlich benachteiligt, als weniger geliebt, als zurückgesetzt; es antwortet mit Verweigerung. Sein gekränkter Zorn weitet sich gewissermaßen auf alles aus, was ihm in die Quere kommt. Er läuft mit seiner Enttäuschung gewissermaßen Amok.

Es ist mir in meiner Praxis immer wieder eindrucksvoll gewesen, zu erleben, wie aus diesen Kindern der „böse“ Geist oft binnen kurzem ausfährt, wenn sie von einer Person endlich vorbehaltlos angenommen werden*. Martins Vater zum Beispiel konnte es überzeugt aufnehmen, daß das Benehmen des Sohnes sich durch eine hitzige Abwehr von Bedrängnis entwickelt hatte. Er nahm sich vor, einem Segelfliegerclub beizutreten und den Sohn regelmäßig dorthin mitzunehmen. Dabei wandte er sich nicht nur auf den relativ langen Anfahrtstunden dem Sohn intensiv zu: Es wurde außerhalb des Hauses in der Nachbarschaft noch ein Bastelkeller gemietet, zu dem nur Vater und Sohn Zugang hatten und wo die beiden immer raffiniertere Modellflugzeuge miteinander bastelten. Dabei ergaben sich viele gute Gespräche zwischen Vater und Sohn. Schon nach wenigen Wochen kam es zu einer erstaunlichen Beruhigung des Knaben. Der Vater sagte beglückt: „Ich habe gar nicht gewußt, was für ein guter Kumpel, was für ein netter Kerl in diesem Sohn steckt!“

* Siehe auch: Nelles-Bächler, M.: Die schulische Behinderung des aggressiven Kindes, Z. Kinderpsych. 3, (99–102), 1974; Kluge: Erziehungsschwierigkeit und Schwererziehbarkeit, Z. Kinderpsych. 2 (52–61) 1971.

Natürlich erhebt sich bei diesem Programm einer Laientherapie die Frage nach der Durchführbarkeit, vor allem im Hinblick auf die anderen Geschwister. Werden sie nicht mit Eifersucht oder gar ähnlichen Fehlentwicklungen antworten, wie die kleinen Nein-sager sie zeigen? Gewiß brauchen die Geschwister eine Erklärung für die offensichtliche Bevorzugung des einen Kindes. Ihnen muß gesagt werden, daß das nicht bedeutet, daß künftig nur noch Martin von Vater geliebt wird, sondern daß Martin gewissermaßen eine gefährliche seelische „Blutvergiftung" hat, die nur Vater wieder heilen kann. Wenn eins von ihnen etwa eine Nieren- oder Lungenerkrankung hätte, würden die Eltern auch alles tun, was in ihrer Macht stünde und von den Fachärzten empfohlen würde, um ihm zur Genesung zu verhelfen. Den Kleineren muß in Aussicht gestellt werden, auch einmal eine besondere Zuwendung zu bekommen. In Familien mit vielen Geschwistern lohnt es sich zum Beispiel, auf eine Reise, zu einer Unternehmung immer einmal nur ein Kind mitzunehmen. Das sind für die Kinder oft ganz besonders schöne Erlebnisse, die sie meist lebenslänglich nicht wieder vergessen.

Nicht immer beruht die aggressive Opposition auf einer Nestenge, auf Geschwistereifersucht oder auf einer hirnorganischen Beeinträchtigung. Sie kann auch die Folge einer Erziehungsform sein, in der die Eltern dem Kind die Sicherheit durch das Leben in einer festen Ordnung versagten. Eine solche superantiautoritäre, laufenlassende Erziehung, die es versäumt, Grenzen zu setzen, erzeugt Angst und als Folge davon Aggression und Aufsässigkeit. Einem Übermaß an orientierungslos und unsicher machender Freiheit in den ersten Kinderjahren kann aber nicht einfach dadurch begegnet werden, daß man nun plötzlich die Zügel anzieht. Es muß auch hier erst eine Phase intensiver Zuwendung erfolgen, in der freilich nicht mehr alles schrankenlos erlaubt ist, sondern durch gemeinsame Übereinkünfte Regelungen getroffen werden, die es dem Kind möglich machen, sich in eingebahnten Strukturen geborgen zu fühlen. Das ist zum Beispiel dadurch zu erreichen, daß man die Stunden der Gemeinsamkeit fest umgrenzt, daß man gegen Schluß der gemeinsamen Tätigkeit Ordnung miteinander macht, daß man so viel wie möglich das Einhalten von Spielregeln einübt. Im Falle einer zu weit getriebenen Regellosigkeit im Kinderleben sollte als Therapie besonders auch eine Ordnung der Mahlzeiten und des

Zu-Bett-gehens eingeführt und kleine Pflichten konsequent durchgesetzt werden: zum Beispiel das Wechseln der Schuhe beim Eintritt ins Haus, das Händewaschen vor Tisch, eine feste Sitz- und Schlafordnung und dergleichen mehr. Generell dürfen die Eltern wissen, daß die Opposition ihrer Kinder durchgängig kein Zeichen von ausgemachter Bosheit, kein undankbares Übelwollen, sondern verzweiflungsvolle Antwort auf eine Unerträglichkeit ist, deren Ursache dem jungen Kind meist gar nicht erkennbar, geschweige denn formulierbar sein kann. Besonders ist das der Fall, wenn die seelischen Verletzungen bereits einige Jahre zurückliegen (wie etwa eine überraschende Operation, eine Trennung von den Eltern, eine mißhandelnde Bestrafung).

Lediglich bei älteren Kindern kommt es gelegentlich vor, daß die wahren Zusammenhänge im Bewußtsein sind. Kürzlich wurde mir zum Beispiel ein 15jähriger vorgestellt, der seit mehreren Monaten den Sprechkontakt zu seinen Eltern aufgegeben hatte und alle Fragen und Bitten nur mit Kopfschütteln beantwortete. Mir gegenüber fiel es ihm leicht, seine Opposition zu begründen: Die Eltern hatten sich scheiden lassen wollen, und die Mutter hatte ihren Ältesten zum Kampfkumpanen gegen den Vater gemacht. Sie hatte ihm die erschütternsten Geschichten über seinen Vater mitgeteilt, die ihn veranlaßten, ihn zu verachten und zu hassen. Nach einigen Monaten hatten sich die Eltern aber wieder versöhnt. Der Sohn hatte den Eindruck, daß seine Mutter ihn zuerst ausgenutzt und dann verraten habe. Die verständigen Eltern konnten erkennen, daß in die Versöhnung, in das gegenseitige Bekennen von Schuld und Versagen der zu weit in den Konflikt mithineingezogene Sohn nun ebenfalls miteingeschlossen sein müsse. Gemeinsame Gespräche lösten den Bann.

Am Rande dieses Kapitels muß erwähnt werden, daß ein gewisses Maß an Opposition bei den Kindern kein Zeichen einer Fehlentwicklung, sondern von der Fähigkeit zu gesunder Selbstbehauptung ist. Aggression – auch, ja gerade gegen die besten Eltern der Welt, muß sein, weil nur durch „Auseinandersetzung" im wahrsten Sinne des Wortes eine allmähliche Verselbständigung der Kinder erfolgen kann. Die erste Trotzphase im Alter von drei bis vier Jahren und das zweite Trotzalter in der Pubertät um die 14jährigkeit herum sind seelisch gesunde, konstruktive Lebensabschnitte, in denen sich die Kinder – die Knaben mehr noch als die Mädchen – von Mutters Schürzenband zu lösen haben, damit der Status der Selbständigkeit erreicht werden kann. Es *kann* in diesen Zeiten gar nicht immer friedlich zugehen, wie wir friedenssüchtigen Mütter es uns ersehnen. Es dürfen Meinungsverschiedenheiten entstehen, und es ist notwendig, den Jugendlichen in der Pubertät zuzubilligen, um jeden Preis anderer Meinung sein zu wollen als Vater und Mutter.

Unheilvoll ist es hingegen, wenn die oppositionellen Tendenzen gegen die Eltern, die in jedem Menschen mehr oder weniger berechtigt vorhanden sind, durch den Trend unserer Zeit künstlich geschürt und zum obersten Lebensprinzip erhoben werden. Kein Mensch wird vom Verweigern lebenssatt. Begrenztes Verweigern kann lediglich, ähnlich wie Geburtswehen, eine schmerzhafte, aber konstruktive Werdefunktion haben. Eine generelle Beeinflussung der Kinder zum Verweigern, eine Erziehung zum Ungehorsam, ein diskriminierendes Hochstilisieren der ungerechtfertigten Ansicht, daß Eltern und ihre Lebensweise schlecht und verachtenswert seien, ist böse Kindsverführung. Eine Politisierung subjektiver Kindernöte, eine Vermittlung von Scheinbegründungen ihrer seelisch bedingten Unzufriedenheit bedeutet nicht, durch Aufdecken der Wahrheit Impulse zur konstruktiven Veränderung zu bekommen, sondern im Gegenteil: Es vernebelt die Einsicht in wahre Zusammenhänge, verhärtet die Opposition, provoziert Resignation und Aggression und degradiert die Kinder schließlich zu willfährig gemachten Manipulationsobjekten in der Hand der Antreiber zur Weltrevolution. Sich geistig auf das Pferd der oppositionellen Verweigerung zu setzen, bedeutet für Jugendliche, vom Weg zu einem sinnerfüllten, nach Wahrheit strebenden Lebens abzuirren. Es ist die Aufgabe von Eltern, die am besten bereits vor dem Pubertätsschub wahrgenommen werden sollte, ihre Kinder über die Gefahren solcher Verführung aufmerksam zu machen, damit sie sehenden Auges an den Fallen vorbeisteuern*.

---

* Über die Bewältigungsmöglichkeiten der entwicklungsbedingten oder auch durch Indoktrination im Jugendalter geschürte Opposition siehe: Meves, C.: Unsere Kinder wachsen heran. Herder-Verlag, Freiburg 1981.

P

Phobien

(Schulangst, Tierangst, Spritzenangst, Zahnarzt- und Friseurangst)

Eine Mutter fleht mich am Telefon weinend an, ob ich nicht jetzt gleich bitte einmal herüberkommen könne. Sie wäre so verzweifelt wegen ihrer Tochter. Die wäre geradezu verhext. Als ich vor der Tür stehe, höre ich drinnen ein Kind laut und wütend schreien. Nachdem ich geklingelt habe, wird es still. Die Mutter führt mich in die Küche. In der hinteren Ecke der Speisekammer hockt ein achtjähriges Kind mit zerrauften Haaren und einem verweinten Gesicht. „Sie will nicht zur Schule", sagt die Mutter ratlos, „seit mehreren Wochen nun schon nicht. Zuerst haben wir geglaubt, sie sei krank, weil sie so viel Bauchschmerzen bekam und weil ihr übel war, und man sah ihr auch an, daß das stimmt. Sie war ganz weiß im Gesicht. Wir haben sie daraufhin gründlich untersuchen lassen – es ist nichts. Aber als die Untersuchungen vorüber waren, wollte sie erst recht nicht wieder in die Schule." „Aber mit Ihnen, mit der Polizei, geh' ich auch nicht", fährt es schluchzend aus dem Kind heraus. „O nein, ich bin nicht von der Polizei", sage ich, „du kannst ganz ruhig sein. Keiner wird dich hier wegschleppen. Ich gehe jetzt mit Mutter ins Wohnzimmer und laß mir erstmal erzählen, was eigentlich los ist."

Das Schreien verstummt. Wir lassen das Kind bei offenen Türen allein. „Wissen Sie", beginnt die Mutter, „unsere Annegret ist ein sehr strebsames und fleißiges Kind, sie möchte in der Schule alles ganz besonders gut machen, und sie hat dabei auch Erfolg. Es sollte wohl eine etwas schwierige Arbeit geschrieben werden, als die Angst zum ersten Mal so massiv ausbrach. Aber wenn ich mich genau besinne, gab es das immer schon öfter einmal, daß ich einen Entschuldigungszettel geschrieben habe mit dem Wortlaut: ‚Annegret hat Bauchschmerzen und kann deswegen heute nicht am Unterricht teilnehmen.' Meistens waren sie am nächsten Morgen auch eher schlimmer; aber sie hat es schließlich doch geschafft, wieder loszugehen. Leid hat sie mir schon getan – mit dieser Angst in den Augen. Dabei hat sie eine nette Lehrerin. In der Klasse ist sie wohl immer ein wenig isoliert; aber sie hat auch nette Nachbarinnen, die bereit sind, sie unter ihre Fittiche zu nehmen; denn Annegret ist ein bißchen schüchtern, freilich nur draußen. Hier in der Familie spielt sie eigentlich eher den Tyrannen. Sogar ihre beiden älteren Schwestern tanzen mehr oder weniger nach ihrer Pfeife. Mein Mann hat sie neulich morgens 'mal vertrimmt, als sie wieder anfing, Spektakel zu machen. Seitdem sitzt sie schreiend und fauchend meist in der Speisekammerecke und ist zu nichts mehr zu bewegen."

Ich frage die Mutter nach Annegrets Werdegang. Annegret ist mit anderthalb Jahren wegen eines Blasenleidens im Krankenhaus gewesen. „Es war so schrecklich", erinnert sich die Mutter. Wir haben das Kind nur durch eine Scheibe sehen dürfen – über Wochen. Sie war apathisch, und als wir sie endlich wieder bekamen, mußte sie erneut das Laufen lernen und reagierte noch nach Monaten mit panischer Angst, wenn ich mich auch nur ins Nebenzimmer entfernte. Das wurde allmählich ein wenig besser, aber nie ganz gut. Unsere Älteste sagt: ‚Das ist ein echtes Nesthäkchen, als wenn sie sich so richtig in dich festhakt, Mutter'. Mein Mann gibt mir die Schuld an der Schwierigkeit. ‚Du verpimpelst sie', sagt er. Und wahrscheinlich hat er damit irgendwie auch recht. Ich denke, daß ich Schuld habe an der Infektion damals. Ich möchte das wieder gut machen. Und außerdem zeigt doch dieses Klammern, wie sehr das Kind mich braucht. Aber die Sache mit der Schule verstehe ich nicht. Das ist nun wirklich eine freundliche Atmosphäre dort. Furcht davor brauchte sie bestimmt nicht zu haben."

Ich erkläre der Mutter zunächst einmal, daß Annegret an einer sogenannten Schulphobie leidet, d. h. an einer Angst, für die die Schule nicht die Ursache, sondern lediglich der Anlaß sei. Die ehrgeizige kleine Annegret erlebt die Möglichkeit, eine Arbeit evtl. auch einmal zu verhauen, als eine Bedrohung ihres noch relativ schwachen Selbstwertgefühls und damit als eine Bedrohung ihrer Existenz. Sie fürchtet, durch eine schlechte Zensur vernichtbar zu werden, und die Bedrohung belebt die gleichen Gefühle, die sie schon einmal erlebte, als man sie der mütterlichen Obhut entriß und schmerzhaften Eingriffen unterzog. Die Furcht, vernichtet zu werden, führt auf dem Boden von Gefäßverkrampfungen, die durch die Angst hervorgerufen werden, zu den Nabelkoliken, den Kopfschmerzen, der Übelkeit und bewirkt, daß das Kind sich schreiend und in Todesnot bis in die hinterste Ecke des Hauses verkriecht. Alte Vernichtungsangst belebt sich in Krisensituationen leicht neu und wird durch drei Reaktionsweisen chronifiziert: Erstens dadurch, daß die Mutter mit sichtbarer Besorgtheit reagiert, zweitens daß die Umwelt und das Kind selbst die ganze Sache als peinlich, schlimm unnormal und beschämend erfahren und drittens durch den Schulausfall die Gefahr des echten Schulmißerfolges entsteht.

Schon als ich Frau M. laut und vernehmlich erkläre, daß sie und auch ich gewiß in ähnliche Bedrängnisse gekommen wären, wenn wir eine solche schlimme Trennungszeit von der Mutter hätten durchmachen müssen, kommt das Kind leise ins Zimmer und setzt sich, an die Heizung gelehnt, auf den Boden, um mir zuzuhören, so daß es nach einiger Zeit sogar gelingt, es in das Gespräch miteinzubeziehen. Das sei alte Angst, erkläre ich Mutter und Kind, und die könne man allmählich verjagen; denn auch damals sei das ja ein, wenn auch verständlicher Irrtum gewesen: In der Klinik würden Kinder geheilt und nicht vernichtet. Ich erzähle dem Kind, daß die Angst jeden Tag ein wenig weniger würde, wenn man sie Schritt für Schritt austreibe. Ein wenig Tapferkeit gehöre freilich dazu. Morgen solle sie gemeinsam mit Mutter zunächst nur bis zur Schule gehen, der Lehrerin guten Tag sagen und an Mutters Hand nach Hause zurückkehren. Ein solcher Anfang sei zwar schwer, aber Annegret würde das sicher schaffen, und wir alle würden uns darüber freuen; denn wenn man ganz zu Hause bleibe, würde die Angst nicht weniger, sondern immer schlimmer. Annegret willigt fröhlich, ja wie erlöst ein, und ich entwerfe am gleichen Tag mit der Mutter und der Lehrerin zusammen ein kleines verhaltenstherapeutisches Programm zur allmählichen Neueingliederung des Kindes in die Schule. Wichtig ist dabei auch eine Erklärung der Lehrerin an die Klasse mit dem Ziel, bei den Mitschülern Verständnis und Hilfsbereitschaft hervorzurufen, um das Kind nicht der Gruppenhatz auszuliefern. Und empfehlenswert ist es auch, noch über Monate von einer Zensierung der Arbeiten des Kindes abzusehen. Das phobische Kind sollte weniger für seine intellektuellen Leistungen als für soziales Verhalten und seine Fortschritte im Sich-Durchsetzen gelobt und belohnt werden. Im häuslichen Bereich ist es wichtig, so viel wie möglich die Selbständigkeit des Kindes zu fördern, durch viel Umgang mit Gleichaltrigen, durch selbständige Botengänge, durch Besuche bei Verwandten, allmählich auch mit zunächst einmaligem Nächtigen am Wochenende u. s. f. Die Beratung von Familien mit phobischen Kindern hat gelehrt: Haben die Mütter erst einmal verstanden, daß es ihrem Kind hilft, wenn sie es so behutsam und einfallsreich wie möglich von ihrem Schürzenband lösen, ist es oft nicht schwer, schnell gute Fortschritte zu machen. Mütter mit phobischen Kindern sitzen häufig lediglich dem Irrtum auf, daß es ihre Pflicht sei, das „arme Kind" unter möglichst große Fittiche zu nehmen. Das bewirkt aber Rückschritt, statt Ausheilung der panischen Angst.

Bei allen anderen Phobien ist dies gleichermaßen zu beachten. Am häufigsten ist bei den Kindern heute die Insektenangst, die Spinnenangst und die Hundeangst. Aber auch die Friseur- und Zahnarztangst ist nicht selten. Nur gelegentlich tritt eine Schlangen- und Rattenangst im Kindesalter auf. Immer steht hinter der entsetzlichen Angst die meist bereits mit Berechtigung erlebte Furcht, vernichtet zu werden. Hinter der Angst vor stechenden Insekten steht oft das Erleben von schmerzhaften Punktionen, Sondierungen und anderen ärztlichen Eingriffen, die mit einer Injektion begannen. Hundeängste haben meist Erlebnisse mit jähzornig ‚bellenden' Männern, oft mit Vätern im Hintergrund. Schlangen- und Rattenphobien sind typische Frauenängste und signalisieren auf dem Boden erschreckender Erfahrungen Sexualangst, genauer: Furcht vor dem männlichen Glied. Kinder, die durch Schamverletzer oder Kindesverführer sexuell verletzt worden sind, weichen ebenfalls häufig phobisch aus, d. h. das eigentliche Erlebnis wird (oft unter massiver Bedrohung des Verführers, von den sexuellen Vorgängen zu schweigen) vergessen, d. h. im echten Sinne Freuds „verdrängt", meldet sich aber nach der Geschlechtsreife zum Beispiel als Angst vor ärztlichen Spritzen oder vor Mäusen wieder. Sexualisierte Mädchen haben oft auch direkte Verfolgungsängste und können in katatoner Starre, im schreilosen Schrei festgebannt bleiben. Sie muten oft psychotisch an, ohne es zu sein. Psychotherapeutisch sind sie vorzüglich angehbar, wenn erst der Sachverhalt durchschaut worden ist. Zahnarzt- und Friseurängste kommen, im Gegensatz zu den typischen Frauenphobien, viel häufiger bei Knaben und Männern vor.

Der erste Schritt heraus aus einer Phobie sollte bei Kindern vom Grundschulalter ab darin bestehen, ihnen ihre Angst als verstehbar zu erklären, um ihr den Aspekt des Unheimlichen, dem man hilflos ausgeliefert ist, zu nehmen. Denn das erhöht die Angst oft bis zum unerträglichen Dauerstreß. Der zweite Schritt sollte dem Kind die Möglichkeit geben, durch tapferes, aktives Handeln dem Gespenst entgegenzutreten und ihm dabei Hilfe und Begleitung anzutragen. Parallel dazu sollte ein Programm zur physischen Kräftigung und zur seelisch-geistigen Verselbständigung entworfen werden.

Manche Kinder machen oft Abend für Abend auf eine verkrampfte Weise Jagd auf Spinnen, ehe sie es wagen, ins Bett zu gehen und das Licht zu löschen. Dabei dient die Spinne als vorgeschobenes symbolisches Objekt für eine Person oder ein eigenes Bedürfnis, dessen Überhandnehmen man fürchtet: Die lauernde vielarmige Umklammerung, die lähmt, aussaugt und vernichtet – das ist die eigentliche Angst, um die es geht. Dabei ist es meist die Mutter bzw. die betreuende Bezugsperson, der man dergleichen Gefährlichkeiten zutraut, obgleich objektiv nicht einmal eine sehr starke, überbehütende Bemächtigungstendenz bei der Mutter vorhanden zu sein braucht. Die eigentlichen Bemächtigungsimpulse können im Grunde auch allein vom Kind ausgehen, der Mutter zugeschrieben und durch die Angst vor Spinnen nur noch zusätzlich verhüllt sein. Aber die lärmende Heftigkeit und das Andauern der Phobie macht deutlich, daß eine unerkannte Not dringend der Bewältigung bedarf.

Wie der Hintergrundskonflikt aussehen kann, soll an einem weiteren Fall einsichtig gemacht werden: Der elfjährige Alexander hat heimlich, als die Eltern fort waren, einen Hitchcock-Gruselfilm gesehen. Dabei gerät ein Forscher im Dschungel in eine Falle von Einheimischen. Sie schießen ihm in die Waden und machen ihn so bewegungsunfähig. Während er sich hilflos auf dem Sumpfboden windet, läßt sich eine Riesenspinne auf sein Gesicht fallen, umklammert es und saugt den Hilflosen aus, bis er unter Qualen stirbt. Alexander bekommt bereits während des Films einen schweren Angstanfall. Unter Zittern und Weinen kann er telefonisch einen Nachbarn herbeirufen. Nur mit

Schlaftabletten wird das Kind schließlich im Arm der Mutter zur Ruhe gebracht. Den Fernsehraum kann der Knabe seit diesem Abend nicht mehr betreten, aber auch in seinem eigenen Zimmer allein zu sein, geschweige denn dort zu schlafen, ist nicht mehr möglich. Die Angst vor Spinnen macht den Jungen schier schlaflos und unkonzentriert in der Schule. Alexander gelingt es nur noch, im Arm der Mutter einzuschlafen.

Der Vater hat sich derweil mit dem Bettlager des Knaben zu begnügen. Bedeutungsvollerweise sagt Alexander bei der ersten Vorstellung: „Leider geht das nun schon so über Monate. Ich frage mich: Wie lange wird das mein Vater noch ertragen; wann wird er dreinschlagen?" Auf die Frage, ob Vater das denn manchmal täte, verneint der Sohn verwirrt kopfschüttelnd. Und eine umfängliche tiefenpsychologische Untersuchung des phantasiebegabten Kindes bringt es an den Tag: Die räuberische Spinne sitzt in Alexander selbst. Er möchte sich unbewußt seiner schönen, liebenswerten Mama ganz allein bemächtigen und den Vater ausschalten. Gleichzeitig aber fürchtet sein reagibles Gewissen, eine vernichtende Bestrafung durch den Vater hervorzurufen. Sich der Mutter hinzugeben, in nicht aufgegebener fetaler Totalität oder als erobernder Liebhaber – das ist die Urgefährdung des männlichen Kindes. Sie würde Vernichtung jeglicher geistiger Eigenentfaltung zur Folge haben, und deshalb wird vom Unterbewußten vor dieser Versuchung mit schaurigen Strafängsten gewarnt. Hitchcockfilme und dergeleichen dienen dabei lediglich als Auslöser zum Sichtbarwerden eines im Grunde bereits lange schwelenden Problems. Hätte der Knabe den Film nicht gesehen, so hätte sich seine Spinnenphobie vermutlich an einem anderen Ereignis im Alltag ebenso entzündet.

In die Kategorie dieser Warnungen des Unbewußten gehören auch die gänzlich unbegründeten Ängste vor einer Kastration, die nicht selten nur noch als verschobene Angst vor dem Haareschneiden oder dem Zahnziehen ans Tageslicht kommt. Bei allen Konstellationen dieser Art hilft eine behutsame Distanzierung von der Mutter und viel Gemeinsamkeit mit dem Vater. Alexander hat sich zum Beispiel wieder an das angstlose Schlafen in seinem Zimmer gewöhnt, nachdem der Vater dort eine Woche lang mit auf der Couch geschlafen hatte. Danach wurde er vom Vater, der eine Landwirtschaft betrieb, täglich mit auf den Trecker genommen und als Vaters Nachfolger mit dessen

Aufgaben vertraut gemacht. Gleichzeitig wurden tote Spinnen gesammelt und in einem Marmeladenglas betrachtet; später wurden lebende hinzugegeben und schließlich sogar von Alexander selbst zu Beobachtungszwecken gefangen. Die Bewältigung der Spinne in ihm selbst konnte es Alexander möglich machen, von dem sehnsüchtigen Wunsch nach der Mutter zu lassen und sich in fröhlicher Würde in die Fußstapfen seines Vaters zu begeben.

Nicht immer ist es möglich, die Ursache einer Phobie rasch herauszufinden. Oft müssen die Erziehenden lange geduldig zuwarten, ehe sich Erhellendes ergibt. Dazu kann vorzüglich das freie Phantasiespiel des Kindes nutzbar gemacht werden. Es lohnt sich auf jeden Fall, dem Kind Material zur Verfügung zu stellen, das zum freien Phantasieren anregt: Playmobils, Kasperlepuppen und Stofftiere haben einen besonders guten Aufforderungscharakter. Einfallsreiche Kinder erzählen auch gern nach Bildern oder Reizwörtern selbstausgedachte Geschichten. Oft kann das freie Spielen, in das der Erwachsene sich nicht unaufgefordert einmischen sollte, für das Kind mit seinen Problemen eine erhebliche Entlastung bedeuten. Viele Kinder spielen sich gesund, ohne daß die Erwachsenen ahnen, wie wertvoll das Tun des kleinen Akteurs ist. Deshalb ist es für Kinder mit und ohne Verhaltensstörungen geradezu lebensnotwendig, die Zeit, die Stille, die Muße und den Raum für ihr eigenes spielerisches Gestalten zur Verfügung zu haben. Das spielerische Verarbeiten der kindlichen Konflikte ist von zentralem Wert und ebenso notwendig wie soziales und intellektuelles Lernen in der Gruppe.

Q

Quälen

(Sadismus, Triebverbrechen, Randalieren, Vandalismus, Brandstiftung)

Was veranlaßt Knaben dazu, Fliegen die Flügel auszureißen, Regenwürmer in Stücke zu schneiden, Wildentenküken einzufangen, nachdem sie deren Mutter verjagt haben, Prügelschlachten auf Schulhöfen zu inszenieren, Schulkameraden, die sich hinsetzen wollen, den Stuhl wegzuziehen, so daß sie auf die Erde sausen, sich gegenseitig die Finger zu verdrehen, sich gegen die Schienbeine zu treten und ein Bein zu stellen? Andere, meist schwächere Lebewesen zu quälen – ist das eine Verhaltensstörung, ein Irrweg oder ein normaler Wesenszug bei den Angehörigen des männlichen Geschlechts? Denn Mädchen zeigen vergleichsweise wesentlich weniger Neigung zu quälerischen Betätigungen. Dabei erscheint es doppelt befremdlich, daß die Lust am Schmerzzufügen in den Augen der Knaben geradezu aufleuchtet. Woher rührt diese Lust? Ist sie das Zeichen einer teuflischen, krankhaften Eigenschaft? Krümmt sich hier bereits ein Häkchen, das im Erwachsenenalter zum Haken werden will?

Ich vermute, daß das Quälen zum barbarischen Urbestand männlicher Lüste gehört. Es bedeutet für sie, je schwächer sie sich fühlen umso lebensnotwendiger, Dokumentation der eigenen Stärke, ja mehr: der sichtbaren Überlegenheit. Ursache von Unterjochung, von schmerzhaftem Zittern, von entthronender, entwürdigender Erniedrigung zu sein, verbannt die Angst vor der eigenen Unterlegenheit. Je weniger ein Kind Angst vor Unterlegenheit zu haben braucht, umso weniger verspürt es den Impuls, sich seine Überlegenheit durch Quälen von Schwächeren zu beweisen. Mütter sind schon im Kleinkindalter mit zahllosen Ermahnungen bemüht, die Quälsucht ihrer Söhne gar nicht erst zur Entfaltung kommen zu lassen; aber sie werden nur dann mehr erreichen als fragwürdige Verdrängung, wenn sie es schaffen, ihren Kindern zu einer hinreichenden Ich-Stärke zu verhelfen, sonst wird die Quälsucht durch die Verdrängung durchbrechen, sobald sich die Gelegenheit zur Machtentfaltung bietet. Brutales Brechen des Willens durch mißhandelnde Prügelerziehung ist deshalb kaum einmal der Weg zur Erzeugung von engelhafter Friedfertigkeit. Dieser Schein ist trügerisch. Gequälte Kinder werden deshalb nur allzu leicht zu quälenden Erwachsenen, wobei es nicht selten bei einer Verknüpfung mit sexuellen Antrieben zur Ausbildung einer sadistischen oder masochistischen Perversion kommt. Exhibitionismus, sexuelle Nötigung, ja die grauenhaftesten quälerischen, sexuell getönten Handlungen an ihren Opfern mit anschließendem Mord sind als Folge solcher Vorgeschichten in der Kriminalistik verzeichnet.

Zeigen ältere Kinder trotz der üblichen und vielfältigen Bemühung der Erziehenden, quälerische Handlungen zu verhindern, eine offenkundige Neigung dazu, so sollte man sie dringend so rasch wie möglich in eine psychotherapeutische Behandlung geben. Erwachsene Triebtäter sind fast immer schon als Kinder mit quälerischen und sexuellen Handlungen auffällig geworden*. Schließen sich Jugendliche gewalttätigen Rockern an, werden sie durch Überfälle auf Passanten, besonders auf hilflose Alte oder junge Kinder auffällig und straffällig oder toben sie ihre Wut durch mutwilliges Beschädigen von öffentlichen Einrichtungen aus, so muß dringend der Versuch gemacht werden, der anarchistischen Überflutung zu begegnen. Das kann durch die Bemühung um aggressive Sportarten wie Boxen, Judo, Tennis, Fußball, Zielschießen, Speerwerfen und Kugelstoßen geschehen. Auf jeden Fall sollte der Versuch gemacht werden, herauszufinden, auf welchem Gebiet, am besten durch Einsatz von Körperkräften, etwas Besonderes geleistet werden kann. Auch Langstreckenschwimmen, Skilaufen, Bobfahren und Geräteturnen sind dazu geeignet. Es muß nämlich dieses miteinander legiert werden: erstens die Kanalisierung der meist erheblich vorhandenen vitalen Energien und zweitens die Hebung des Selbstbewußtseins durch ausstechende Spitzenleistungen. Das sind gangbare Wege, um oft verhängnisvolle Fehlentwicklungen und traurigem Lebensunglück vorzubeugen.

---

* Bauer, G.: Triebverbrechen jugendlicher und heranwachsender Delinquenten. Z. Kinderpsych. 6 (234–237) 1970.

Die letzte Chance, einer quälsüchtigen Kriminalisierung im Wiederholungszwang zu entgehen, sind für Eltern oft die ersten Gerichtsverhandlungen gegen den wegen einer quälerischen Straftat angeklagten Sohn. Zweierlei ist dabei heilsam: sich als Eltern mit dem Sohn gemeinsam in das Boot der Anschuldigungen zu setzen nach dem Motto: „Du, hier ist bei uns dreien etwas furchtbar schief gelaufen, nicht nur bei dir allein, sondern auch bei uns, aber auch nicht nur bei uns allein. Wir wollen dafür gemeinsam die Verantwortung auf uns nehmen. Wir wollen versuchen, das Geschehene wieder gut zu machen, soweit das möglich ist. Wir wollen aber vor allem daraus lernen und gemeinsam darüber nachdenken, wie du dazu kommen kannst, etwas von dir selbst zu halten."

Wird Jugendstrafe angeordnet, so sollte der Delinquent auf gar keinen Fall von den Eltern fallengelassen, sondern regelmäßig besucht und mit Fortbildungsmaterial und Liebesgaben bedacht werden. Je mehr es bei strauchelnden Jugendlichen gelingt, ihnen in den Gefängnissen zu Lehrabschlüssen zu verhelfen, um so mehr verringert sich erfahrungsgemäß die Gefahr, den alten Versuchungen zu quälerischen Gewalttaten nachzugeben.

Besser ist es natürlich, der Fehlentwicklung in den quälsüchtigen Sadismus sofort entgegenzuwirken, wenn er sich im Ansatz zeigt. Eine Werkstatt, in der es zu hämmern, zu bohren, zu hobeln und zu schweißen gibt, gemeinsam mit einem sachverständigen Erwachsenen betrieben, kann hier die besten Dienste leisten. Das aufpolierte, neu zusammengebastelte Moped, das fernzusteuernde Motorboot, das Modellflugzeug, das selbstgezimmerte Gartenhaus, der fahrbar gemachte Oldtimer – langfristige Großaktionen dieser Art, die auch die Körperkräfte der jungen Männer herausfordern und einspannen, die aber vor allem zu einem vorzeigbaren, lobenswerten Arbeitsergebnis führen, können helfen, alte Wunden einer beschädigten Ich-Entwicklung zum Ausheilen zu bringen und erzieherische Sünden zu sühnen.

Ein dem quälsüchtigen Verhalten ähnlicher Hintergrund besteht übrigens meist bei den Brandstiftern: das Bedürfnis, der großmächtige Verursacher einer Tat zu sein, die absolute Überlegenheit offenkundig werden läßt. Dabei reicht es dem Brandstifter, die Flammen des eigenverursachten Spektakulums hoch aufschlagen zu sehen und in schaudernder Lust zu erleben: Dies alles tat *ich*, ich ganz allein. Dabei sind Brandstifter eher junge Männer, deren Selbstentfaltung durch mütterliche oder großmütterliche Verwöhnung und Übermächtigung eingeschränkt blieb. Die testpsychologische Untersuchung der jugendlichen Brandstifter, die mir das Gericht zuwies, zeigten in der Vorgeschichte meist schüchterne Isolation gegenüber Gleichaltrigen und eine kandarenhafte, in der Pubertät nicht gelöste Bindung an die Mutter. Die Brandstifterseele zeigt etwas von der Hänsel-und-Gretel-Mentalität, die mit feurigen Aggressionen unbewußt die Loslösung von der hexenhaft fesselnden Mutter anstrebt. Das Tragische in diesem Schicksal besteht darin, daß die Mutter oft aus ganzer Seele das Beste für den Sohn zu tun vermeinte. Es mit dem Feuer zu wagen, hat grundsätzlich etwas mit dem prometheischen Trotz, mit der Befreiung von Abhängigkeit zu tun. Der Schritt zur Emanzipation von der „großen Mutter" ist besonders für die Söhne lebensnotwendiger Entwicklungsschritt. Deswegen zündeln besonders die Knaben so gern, deshalb haben die Männer eine lustvolle Beziehung zum Feuermachen. Es ist deshalb wichtig, daß Mütter nicht durch Verwöhnung die aggressiven Impulse in die Verdrängung schikken. Feurige, mörderische Explosionen der Ablösung werden so geradezu vorgebahnt.

R

Rotwerden

Kürzlich schrieb mir ein junges Mädchen, daß sie in einer verzweiflungsvollen Situation sei: Sie habe sich von der Welt mehr und mehr zurückgezogen, besuche zwar noch lustlos und ohne sich am Unterricht zu beteiligen die Schule, aber sonst säße sie zu Hause, und selbst irgendwo einzukaufen oder eine Besorgung auf einem Amt zu erledigen, stieße auf schier unüberwindliche Schwierigkeiten: Sie werde rot, und wenn sie merke, daß sie rot werde, werde sie noch einmal rot, und wenn die Leute anfingen, sich lächelnd darüber zu wundern, bekäme sie noch einen Schub und könne sich dann nicht im mindesten mehr auf das konzentrieren, was man ihr sage und infolgedessen erst recht nicht situationsgerecht reagieren. Ob sie nun wohl zeit ihres Lebens hinter dem Ofen hocken müsse wegen dieses gräßlichen Makels?

Ich schrieb der Schülerin wieder, wer sie denn wohl zu der Fehlmeinung gebracht habe, daß Rotwerden ein Makel sei. Es sei vielmehr eine leider allmählich aussterbende wertvolle Eigenschaft, das Privileg besonders von jungen Mädchen: nämlich sich zu schämen. Wer sich schämen könne, zeige, daß er so reif sei, sich einzugestehen, daß er Schwächen und Fehler habe, daß er sich unvollkommen fühle. Und unvollkommen *sind* wir alle – nur die Dummköpfe und die Hochnäsigen merken es nicht. Sie solle also bitte aufs Rotwerden-können ganz stolz sein. Sie möge sich vornehmen, bevor sie sich in die Welt begäbe, auf jeden Fall das Rotwerden nicht zu vergessen, sich vornehmen, es vorzuzeigen wie ein besonders hübsches, farbiges Halstuch. Sie solle sich freuen, daß sie es nicht nötig habe, bleiche Wangen durch Auflage von Rouge zu verschönern, weil sie das Rouge nach Bedarf und ganz natürlich auftragen könne.

Ein halbes Jahr verstrich. Zum Weihnachtsfest schrieb mir das

Mädchen: „Eben beim Nachdenken über die Personen, denen ich schreiben will, weil ich ihnen Dank schulde, fällt mir überhaupt erst ein, daß mein Problem mit dem Rotwerden nicht mehr existiert. Ihr Rezept hat schlagartig geholfen. Jedenfalls denke ich jetzt immer, wenn ich noch einmal erröte: Na, warum denn auch nicht? Ist das etwa verboten? Dadurch bleibt diese schreckliche Gedankenblockade aus, und infolgedessen komme ich mit meiner Umwelt wieder zurecht. Manchmal habe ich sogar den Eindruck, daß die Männer es ganz gern mögen, wenn ein Mädchen mal ein wenig rot wird. Sie spüren dann wohl auch, daß man noch nicht so abgebrüht und kaputt ist. Danke!"

Ein solcher Rat zum Abgewöhnen des Errötens kann deshalb ohne große Hintergrundanalyse gegeben werden, weil die bewußtmachende Selbstreflexion des Mädchens mit einer Selbstverurteilung verknüpft war, die das Symptom verstärkt und den Leidenden in eine Sackgasse nötigt. Je mehr er sich vornimmt, nicht zu erröten, umso sicherer muß der Vorgang einsetzen; denn an den Vorsatz ist die Selbstverwerfung gekoppelt. Sie ruft das Gefühl, sich schämen zu müssen, zwangsläufig auf den Plan und weitet sich zur Erwartungsangst aus. Selbstbeeinflussung in die entgegengesetzte Richtung ist deshalb das sicherste Schlupfloch, um den Teufelskreisen der Angst vor dem Erröten zu entfliehen.

Freilich ist dieses gewiß lediglich ein Kurieren am Symptom; aber eine gedankliche Einstellungsänderung der empfohlenen Art ist bereits die Voraussetzung zu einer Bemühung an der Wurzel der Schwierigkeit, nämlich der Bemühung um mehr Spontaneität. Menschen mit dergleichen Ängsten darf gesagt werden, daß sie sich geradezu darin üben und das heißt, dergleichen Gedanken häufig denken sollten: mit Lust getrost unvollkommen zu sein, Fehler zu machen und sich nicht zu scheuen, sich das einzugestehen. Vollkommenheit sei die Sache von Engeln. Menschen seien mit Webfehlern geschaffen, einer wie der andere. Deshalb habe keiner ein Recht, auf den anderen mit Fingern zu zeigen, und wenn er's täte, so sei das sein Problem.

Besonders junge Mädchen schaffen es häufig – wenn ihnen eine solche Einstellung vermittelt wird –, die sie verfremdende Hülle eines starren Perfektionismus abzuwerfen wie einen lästigen Panzer und sich einer unbekümmerteren Lebenshaltung zu befleißigen.

S

Selbstbefriedigung

(Masturbation, Fetischismus, Transvestitismus)

Selbstbefriedigung im Jugendalter (in der Fachsprache Masturbation oder Onanie), Selbstbefriedigung gar schon im Kindesalter – was ist das, was bedeutet es? Darf es nicht sein, ist es ein Krankheitszeichen, Sünde? Oder muß es vielleicht sein? Ist es ein Merkmal gesunder Sexualität und von Normalität? Dieses Spektrum an Fragen wird heute in Zeitschriften, Büchern und Medien öffentlich diskutiert und konträr beantwortet. Vor einigen Jahrzehnten noch wurde das Thema verdrängt, wo es nur auftauchte. Aber die Sexwelle schwemmte es an die Oberfläche und nötigt, Stellung zu nehmen, um Orientierungsmöglichkeit zu vermitteln. Das soll in diesem Kapitel so sachlich-informativ wie möglich geschehen, weil sich auf diesem Sektor besonders viel ideologische Scharlanterie eingeschlichen hat.

Als erstes: Das Glied des männlichen Säuglings und die Klitoris des weiblichen Säuglings sind von Anbeginn an reizempfindliche Organe. Sie bleiben das durch die Kindheit hindurch. Aber mit der Geschlechtsreife erst wird aus der Reizempfindlichkeit – bei den Knaben häufiger als bei den Mädchen – ein Drang zur Stimulation. Zwar entdecken normal intelligente Jungen und Mädchen innerhalb ihrer Kindheit – die Knaben meist früher als die Mädchen – die Reizempfindlichkeit ihres Geschlechtsteils, aber ohne daß sie das mehr interessiert als viele andere Dinge ihrer Umwelt auch, die sie entdecken und faszinieren. Buben haben zwischen dem dritten und fünften Lebensjahr eine oft länger andauernde Phase, in der sie auf dem Boden dieser Entdekkung ihr Glied gern berühren und auch gern demonstrieren. Spätestens im Grundschulalter entdecken sie, daß das Glied sich versteifen kann und fragen dann meistens ihre Mutter vertrauensvoll, was das denn sei. Regelmäßiges und anhaltendes Manipulieren am Genital ist bei seelisch gesunden Kindern bis zur Geschlechtsreife nicht üblich. Wenn Kinder regelmäßige Praktiken der Selbstbefriedigung im Kindesalter entwickeln, so ist das ein Zeichen dafür, daß sie etwas entbehren und dafür in der „süßen Lust" der genitalen Erregung eine Ersatzbefriedigung an ihrem eigenen Körper entdeckt, gefunden und eingebahnt haben. Bei kleinen Mädchen geschieht das meist dergestalt, daß sie sich ein Kissen, eine Sitzrolle, ein Stofftier zwischen die Beine klemmen und – häufiger in der Sitzhaltung als im Liegen – ihr Genital daran reiben. Manche Eltern berichten, daß das mit abwesendem Gesichtsausdruck bis zur orgasmusähnlichen Erschöpfung geschieht. Auch bei Jungen kann das Reiben am Glied schon im Kindesalter ähnlich exzessive Formen annehmen und mehrere Male täglich wiederholt werden. Daß es sich dabei nicht um eine Frühreife, um ein für alle Kinder erstrebenswertes, das eigentlich „normale" Verhalten handelt, läßt sich unschwer daran ablesen, daß die masturbatorischen Praktiken mehr oder weniger rasch eingestellt werden, wenn die Eltern dieses Benehmen ihrer Kinder nicht durch Strafen auszuschalten suchen (dann wird es heimlich meist sogar verstärkt weiter betrieben), sondern es als Symptom einer Entbehrung verstehen und sich – ohne die Schwierigkeit weiter zu beachten – daran machen, dem seelischen Defizit abzuhelfen. Ich empfehle den Eltern, wenn das Kind am Tage zu onanieren beginnt, sofort ein ablenkendes Spiel zu beginnen, sich – ohne Erwähnung oder gar ein Verbot, das Genital weiter zu berühren – dem Kind zuzuwenden und gemeinsam mit ihm etwas zu unternehmen. Sinnvoll ist es zum Beispiel, Kinder im Vorschulalter auf den Schoß zu nehmen und mit ihnen Bilderbücher zu besehen und Geschichten zu erzählen und vorzulesen. Auch Fingerspiele, Verstecken, Hoppe-Reiter-Spiele, Kissenschlachten oder Ballspiele sind angebracht. Wichtig ist es jedenfalls, daß der Geist und der Körper des Kindes in Bewegung gebracht und am besten auch spielend ein wenig Körperkontakt hergestellt wird.

Nicht unmittelbar im Zuge solcher Ablenkungsmanöver und Anregung zu altersentsprechenden Befriedigungsmöglichkeiten, sondern unabhängig davon, sollte man sich um mehr Zärtlichkeit dem Kind gegenüber bemühen. Dabei ist das Umfangen, das über den Kopf und die Wangen streicheln in Sitzlage angemessener als lange Schmusestunden im Bett, womöglich mit nacktem Körper. Zärtlichkeit dieser Art heizt die Sexualität der

Kinder unangemessen früh an und bewirkt eine Fixierung an den Erwachsenen, der das Kind in dieser Weise erotisch stimuliert. Das führt aber zu den schwersten Neurosen, besonders häufig in Form von Straf- und Gewissensängsten (manchmal auch in Form von Phobien), weil das Inzesttabu eine vorgegebene sexuelle Schranke ist, weil der Sohn nicht die Mutter, die Tochter nicht den Vater heiraten darf, sondern sich altersentsprechenden Partnern zuwenden soll. Sexuelle Stimulation durch gleichgeschlechtliche Erwachsene kann sogar eine Vorliebe für homosexuelle Praktiken und Partner vorbahnen und ist deshalb nach wie vor mit Recht eine strafbare Handlung unseres Gesetzbuches.

Nicht sexualisierende und erotisierende, sondern dem kindlichen Status angemessene Zärtlichkeit freilich ist in vielen Fällen das entscheidende Heilmittel gegen einen Masturbationszwang im Kindesalter. Das Kind muß häufiger die Erfahrung machen, daß es mit Herz und Händen der Erwachsenen warm umfangen, anerkannt, zärtlich geliebt wird. Wichtig ist auch, daß Kinder immer einmal wieder mit Freude, mit glücklich leuchtenden Augen angeschaut werden, daß Eltern ihnen ihre Liebe durch die Augen mitteilen. Wärme, Herzlichkeit, Zuwendung machen das Mühen um all das angestrengte Selbstanfachen von Lust bald überflüssig.

Eltern von onanierenden Kindern sollten diesen Rat annehmen, ohne sich gegenseitig Vorwürfe über Versäumnisse zu machen. Unsere Kinder sind auch im Hinblick auf das Maß von Zärtlichkeit, das sie brauchen, unterschiedlich angelegt. Für das eine Kind ist die Anerkennung durch Worte ausreichend, für ein anderes ist Mutters glückliches Strahlen über ihr Kind die wesentlichste Befriedigungsmöglichkeit, wieder anderen ist zu viel leibliche Nähe eher unangenehm, ein nächstes braucht Kuschelnähe tagaus, tagein*. Im allgemeinen ist das Bedürfnis nach Zärtlichkeit bei Mädchen größer, so haben neue Untersuchungen ergeben**. Es ist für Mütter auch unproblematischer, sie ih-

---

* Schaffer, H. R. und Emerson, P. G.: The development of social attachment in infancy, Monogr. Soc. Res. Child Development (1964b).

** Korner, A. E.: Methodological considerations in studying sex differences in the behavioral functioning of newborns. In: Friedman, R. C. et. al. (Hg.) 1974, 197–208.

ren Töchtern ausreichend zu vermitteln. Bei den Knaben muß eine Mutter jedenfalls jenseits der Kleinkinderzeit gleichzeitig immer wach darauf bedacht sein, einen erotischen Akzent in der Beziehung zu vermeiden, damit die Bindung nicht in eine konfliktreiche Zwiespältigkeit gerät. Ebenso muß natürlich der Vater im Hinblick auf die enge körperliche Nähe zu seiner Tochter in dem Maß zurückhaltender werden, in dem sie sich der Pubertät nähert.

Jenseits der Geschlechtsreife bekommt die Selbstbefriedigung einen anderen Stellenwert. Ein großer Teil der Knaben entdeckt sie spontan. Das liegt nicht zuletzt daran, daß mit der Ausschüttung des männlichen Geschlechtshormons schlagartig bei den 14jährigen die höchste Stufe der Potenz einsetzt. Geschlechtsreife bedeutet für den Knaben so etwas wie ein massiver sexueller Überfall, dem er emotional keineswegs einfach selbstverständlich gewachsen ist. Im Grunde gehört es deshalb zu den unaufgebbaren Pflichten von Vätern, ihre Söhne in der Vorpubertät auf dieses Ereignis vorzubereiten. Wichtig ist es dabei, den Söhnen zu verdeutlichen, daß man nicht zu fürchten braucht, durch den Drang überfordert zu werden, daß die Natur sich vielmehr durch unwillkürliche Samenergüsse im Schlaf hilft, daß es also eine entlastende Selbstregulation des Körpers gibt. Hilfreich ist es zudem für die Söhne, zu wissen, daß körperliche Betätigung und Sport eine ausgleichende Funktion haben können.

Vorbereitend sollte bereits in der Vorpubertät von der Selbstbefriedigung gesprochen und den Söhnen mitgeteilt werden, daß es zwar nicht einfach, aber dennoch das Beste ist, damit gar nicht erst – womöglich nur aus Neugier – anzufangen. Es muß ihnen verdeutlicht werden, daß die Onanie mit allen triebhaften Betätigungen eins gemeinsam hat: Sie kann leicht zur Sucht werden und sich stärker als der Wille des Menschen erweisen. Im allgemeinen überschätze der Mensch seine Willensstärke. Man sagt: Warum soll ich nicht die *eine* Zigarette probieren? Dann kann ich wenigstens mitreden. Warum soll ich nicht einen Joint drücken, davon werde ich doch nicht gleich rauschgiftsüchtig! Und wieso eigentlich nicht jeden Abend einen einzigen kleinen harten Drink? *Jeder* später Süchtige hat am Anfang Gedanken dieser Art gehabt und merkt erst, wenn es längst zu spät ist, wie überheblich er seinen Willen dabei überschätzte. Bei der Selbstbefriedigung ist es im Grunde nicht viel anders: Sie ist, maßvoll angewandt, ebenso wenig bedenklich wie ein maßvoller Konsum von Nikotin und Alkohol; aber sie birgt die Gefahr in sich, daß die Gedanken an die Sexualität gefesselt werden und der Mensch – statt zu mehr Freiheit – in eine festbannende Gefangenschaft des Willens und Handelns geführt wird. Dabei taugt der Mißbrauch auch hier nichts. Auch hier mindert er jenen Überschuß an Kraft, den man für die vielen Aufgaben des Jugendalters dringend benötigt.

In einem solchen Gespräch sollte der Vater dem Sohn seine eigenen Jugendprobleme, die er damals mit der Selbstbefriedigung hatte, nicht verhehlen. Er sollte seinem Sprößling mitteilen, daß es gewiß kein irreparables Unglück und keine Sünde sei, die Höllenstrafen zur Folge habe, wenn ein Jugendlicher sich sexuell selbstbefriedige, aber daß es zum verantwortungsbewußten Erwachsensein gehöre, die geschenkte Lebenskraft nicht sinnlos zu vergeuden, weil man diese Kraft für seinen Lebensauftrag einzusetzen habe. Freilich ist es auch wichtig, das Ammenmärchen auszuräumen, daß durch Masturbation die Zeugungsfähigkeit und die Intelligenz vermindert werden oder gar abhanden kommen können. Die allgemeine Lebenskraft für den nächsten Tag – die allein ließe sich durch ein Übermaß an Onanie dezimieren. Und das sei nicht gut.

Moderne Mütter heute sollten auch mit ihren 13jährigen Töchtern über die Selbstbefriedigung sprechen, denn die BRAVO, manche Schulbücher und sogar viele Lehrer machen sich heute anheischig, die Selbstbefriedigung für Mädchen nicht nur als empfehlenswert darzustellen, sondern quasi zur Pflichtübung zu machen. Mädchen sind durch Modezwänge sehr viel leichter zu beeinflussen, wie der Augenschein immer wieder beweist; und deshalb ist es nötig, ihnen zu versichern, daß man ihnen einen Bären aufzubinden sucht, indem man behauptet, daß die Sexualität eines seelisch gesunden Mädchens von der Geschlechtsreife ab gleiche Sexualnöte verursache, wie bei den jungen Männern. Es sollte ihnen verdeutlicht werden, daß die Vorstellung, Onanie sei bei jungen Mädchen zwingend nötig, um ihren sexuellen Drang zu entlasten, ein Lügenmärchen sei, ein gefährliches dazu, weil die Selbstbefriedigung nicht eigentlich darauf vorbereite, später in der körperlichen Liebe zu seinem Mann unvoreingenommen glücklich zu werden. Onanie brächte den Trieb in eine eigensüchtige Richtung, und es sei gar nicht einfach, ihn später aus dieser Bahnung wieder herauszulösen. Im übrigen sollten den Töchtern ähnliche Warnungen vor der süchtigen Eingewöhnung mitgegeben werden, wie den Söhnen.

Von großem Wert ist es, daß die Eltern ihren Kindern diese Orientierung so geben, daß sie sich nicht von ihnen verstoßen und abgetrennt erleben, wenn sie der Versuchung, zu onanieren dann dennoch erliegen. Setzen sich die Eltern bei solchen Gesprächen nicht auf ein hohes Roß, teilen sie ihre Erfahrungen nicht moralisierend, sondern im Geist verständnisbereiter Liebe mit, so werden die Kinder sich im Idealfall nicht scheuen, sogar bei den Eltern Rat und Hilfe zu suchen, wenn sie in ein süchtiges Onanieren hineingeraten sind und es allein nicht schaffen, sich davon zu befreien, obgleich sie es doch so gern möchten. Solchen Jugendlichen sollte bei der nächsten Gelegenheit das Buch von Ingrid Trobisch „Mein schönes Gefühl" in die Hand gegeben werden. Ich habe dieses Buch – auch von den vielen Jugendlichen, die mir aus der Ferne wegen ihrer Quälerei um die Selbstbefriedigung schrieben und mich um Hilfe baten – mit bestem Erfolg immer wieder empfohlen.

Besonders erschreckt sind Eltern, wenn sie entdecken, daß die Selbstbefriedigung eines Sohnes mit einer ihnen befremdlichen Praktik verbunden ist: wenn er sich dazu heimlich einige Stücke der Unterwäsche von weiblichen Personen des Haushalts aneignete. Einige Male habe ich auch erlebt, daß die Wäschestücke von Nachbarn oder Mitbewohnerinnen von der Leine gestohlen wurden. In allen diesen Fällen dient das Wäschestück als Ersatz entweder für mütterliche Zärtlichkeit oder für das noch nicht erreichbare menschliche Sexualobjekt. Dann dient es als Auslöser und Stimulans des Geschlechtstriebes.

Aber es ist unangebracht, Kinder und Jugendliche, die bei derlei Heimlichkeiten ertappt werden, zu fragen, was das solle und warum sie das täten: Sie wissen es nicht, sondern folgen dumpf einem in ihnen übermächtig werdenden Drang. Erzieher werden den Kindern deshalb nicht gerecht, wenn sie sie wegen der „Schweinerei" beschimpfen und bestrafen. Bei Knaben, die vor der Geschlechtsreife die Wäsche von Müttern und Großmüttern entwenden, steht ihre Sehnsucht nach kleinkindhafter Zärtlichkeit und Geborgenheit drängend im Vordergrund. Und selbst bei Jugendlichen, die Wäschestücke von Frauen bei der Selbstbefriedigung benutzen, ist meist ein Defizit im kindlichen Zärtlichkeitsbereich vorhanden. Es hat sich lediglich mit dem aufkeimenden Geschlechtstrieb vermischt. Weil das in der Mehrzahl der Fälle von kindlichem und jugendlichem Fetischismus so ist, hat es viel Aussicht auf Erfolg, auch hier ein Nachholen des frühkindlichen Defizits in den Mittelpunkt des Selbsthilfeprogramms zu setzen, wie es im Kapitel D beschrieben ist.

Unerläßlich ist es freilich, nach dem Aufdecken der Schwierigkeit dem Kind bzw. dem Jugendlichen sein Verhalten zu erklären und es ihm verstehbar zu machen. Dabei muß unbedingt über die normale, riesengroße Macht des Geschlechtstriebes gesprochen werden. Kinder und Jugendliche, die Probleme dieser Art haben, haben meist bereits mehrmals die Erfahrung gemacht, daß sie von dieser ihnen unbekannten und unbezwingbaren Macht überwältigt wurden. Das ist ihnen unheimlich. Die Eltern müssen deshalb das Gewicht ihrer Aufklärung darauf legen, ihren verunsicherten Kindern zu verdeutlichen, daß sie nun einer der größten Mächte begegnet sind, die unser Leben bewegen, nämlich der Geschlechtskraft. Sie sollten ihren Kindern auch einsichtig machen, warum sie notwendigerweise so mächtig ist: Ohne sie würde das Leben bald ersterben, würde die Schöpfung untergehen.

Wenn die Jugendlichen die Geschlechtskraft als einen sinnvollen Lebensmotor verstehen lernen, geraten sie nicht so leicht in die Gefahr, sich selbst wegen der Willensschwäche in bezug auf ihr „Laster“ zu verwerfen. Sie halten es nicht mehr für selbstverständlich, daß Lilliput den Goliath bezwingen könne, sondern sind nun bereit, gemeinsam mit dem Berater eine Strategie zur angemessenen Zügelung dieser an sich guten und brauchbaren Lebenskraft zu entwickeln.

Dazu gehört im Jugendalter auch eine Annäherung an das andere Geschlecht. Verständige Eltern können vielleicht ihren jugendlichen Kindern einmal oder auch mehrere Male im Monat einen Raum zur Verfügung stellen und ihn zum Treffpunkt für ein paar Freunde und Freundinnen ihres Kindes machen. Wichtig ist dabei aber, das altersentsprechende Beschäftigungsprogramm gleich mitzuliefern und bei den Parties oder dem Jour fix im Hause anwesend zu bleiben. Dabei muß das Kennenlernen der Gleichaltrigen des Gegengeschlechts im Mittelpunkt stehen und nicht etwa ein Freipaß zu häuslichen Sexorgien gegeben werden.

Jugendlichen, die Schwierigkeiten der eben beschriebenen Art haben, muß deutlich gemacht werden, daß es zu den Aufgaben des Menschen gehört, sich seine Triebe dienstbar zu machen, statt sich unnachdenklich an sie auszuliefern. Eine geschickte, nachdenkliche und kluge Annäherung sei beim Umgang mit der Riesenmacht wesentlich angemessener als ein Mitlaufen im Rattenfängerstrom der vom Zeitgeist Verführten.

Es in solcher Weise mit Selbsthilfen allein zu versuchen, ist freilich nicht mehr ratsam, wenn der kleine männliche Fetischist dazu übergeht, die Frauenkleider, die er sich „organisiert" hat, anzuziehen, heimlich und unter ächzender Lust seine Geschlechtsrolle abzulegen und sie gegen die des anderen Geschlechts einzutauschen. Jungen, die eine solche Problematik zeigen, haben meist eine Blockade in der Übernahme der männlichen Geschlechtsrolle. Oft erscheint ihnen der Vater fremd, unheimlich, allzu mächtig und bedrohlich. Die Beziehung zur Mutter ist oft hingegen besonders eng. Durch diese Konstellation bedingt erscheint es ihnen eher schaffbar, sich mit ihr zu identifizieren. Jungen mit einer solchen Problematik im Hintergrund neigen dazu, sich gemeinsam mit der Mutter für Mode zu interessieren, sie bei Kleiderkäufen zu begleiten und zu beraten und selbst zunehmend mehr Wert auf ein schönes Äußeres im Sinne der Mutter zu legen. Fehlidentifikationen dieser Art sollten sehr ernst genommen werden, wenn sie jenseits der Zehnjährigkeit auftreten. Eine Unsicherheit in der Geschlechtsrolle ist eine Grundvoraussetzung zur Homosexualität. Die Behandlung bei einem analytischen Kinder- und Jugendlichenpsychotherapeuten ist in solchen Fällen so rasch wie möglich anzustreben, weil in diesem Alter noch alle Möglichkeit besteht, einer manifesten Fehlbahnung entgegenzusteuern.

Auch Mädchen können ihre Weiblichkeit ablehnen, in die Mannrolle schlüpfen und in die Gefahr geraten, lesbisch zu werden. Einige Male hat sich in den vergangenen Jahren gezeigt, daß der Mädchen-„Wildfang" im Grunde wirklich männlichen Geschlechts war: Eine schädigende Medikamenteinnahme der Mutter während der Schwangerschaft hinderte die Ausformung des männlichen Genitals. Zeigen Kinder also bereits früh die

Neigung sich mit dem Gegengeschlecht zu identifizieren, so sollte man sie ärztlich und psychologisch untersuchen lassen.

Der große Einfluß der Geschlechtshormone auf die Ausbildung des Geschlechts während seiner fötalen Entwicklung und die Auswirkung seines Geschlechtsverhaltens jenseits der Geschlechtsreife tritt erst jetzt in die Einblicksmöglichkeit medizinischer Forschung. Deutlich kristallisiert sich aber dabei heraus, daß Abweichungen, die gegengeschlechtliches Verhalten einschränken, auf Anomalien unterschiedlicher Genese beruhen. Es ist unverantwortliche Ideologie, Eltern zu suggerieren, Homosexualität sei lediglich eine gesunde andere Spielart menschlichen Geschlechtsverhaltens und damit gewissermaßen in die zu erprobende Entscheidung jugendlicher Söhne und Töchter gestellt. Diese heute in der Bundesrepublik durchgängig vertretene Meinung in Fachkreisen vernebelt die generelle Beeindruckbarkeit des Menschen im Hinblick auf seine sexuellen Ersterlebnisse. Vor der Verführung durch Ideologien dieser Art müssen die Jugendlichen heute durch ihre Eltern vorsorglich und durch aufklärende Gespräche bewahrt werden.

Sch

Schulschwierigkeiten

(Legasthenie, Schreibkrampf)

Es gibt kaum eine der in diesem Elternalphabet angeführte Verhaltensstörung, die nicht gleichzeitig mit Schulschwierigkeiten einhergeht. Bei den Schüchternen fehlt es an der Beteiligung am Unterricht, bei den Kontaktschwachen am unbekümmerten Umgang mit den Kameraden; bei alten und neuen Ängsten, bei Depression und Zwängen ist die Möglichkeit zur Konzentration, zur Arbeitsfreude, zur Ausdauer und zum Interesse gemindert; bei Überehrgeizigen führt die Angst zu versagen zu einer verkrampften Leistungswut. Grundschüler, die durchschnittlich intelligent sind, schulreif eingeschult wurden und in der Schule versagen, haben in den allermeisten Fällen im Hintergrund seelische Nöte, die es ihnen unmöglich machen, den schulischen Anforderungen zu genügen*. In seltenen Fällen nur werden Schulschwierigkeiten durch das Fehlverhalten einzelner Lehrer hervorgerufen. Allenfalls bilden erfahrungsgemäß bestimmte Maßnahmen, Bemerkungen, Anordnungen von Lehrern den Auslöser für Schwierigkeiten, die beim einzelnen Kind längst vorhanden waren und nun ans Tageslicht geraten.

Es ist zwar sehr verständlich, aber nur ausnahmsweise berechtigt, den Lehrer für das Versagen des einzelnen Kindes zum Sündenbock zu machen. Eltern sollten Lehrerbeschuldigungen sehr sorgfältig prüfen, ehe sie versuchen, das Kind aus der Klasse zu nehmen oder sich über den Lehrer bei der vorgesetzten Behörde zu beschweren. Es ist nicht nur eine Eigenschaft un-

* Nach den jeweiligen Persönlichkeitsstrukturen geordnete, ausführliche Darstellungen finden sich in: Christa Meves, Die Schulnöte unserer Kinder, Gütersloher Verlagshaus, Gütersloh, 7. Aufl. 1981 und in „Erziehen lernen“, Bayerischer Schulbuch-Verlag, 6. Aufl. 1981, S. 82ff.

serer Kinder, sondern eine allgemein menschliche Eigenschaft, anderen die Schuld für eigenes Versagen aufzubürden. Wenn Kinder anklagend nach Hause kommen und den Lehrer beschuldigen, der Verursacher ihrer Schulmisere zu sein, neigen Eltern verständlicherweise dazu, sich diesen Klagen mit Vehemenz anzuschließen, denn immerhin sind sie die Beschützer ihrer Kinder und haben die Aufgabe, böse Angreifer abzuwehren. Wieviele Väter sind schon, ähnlich wie der seine Brut aggressiv verteidigende Schwanenvater, mit hoher Bugwelle und geblähtem Gefieder in die Schule gesegelt, um den Bedrohern ihrer Sprößlinge den Garaus zu machen! Manchmal mag das nötig sein, gewiß; aber, wie gesagt, elterliche Aktionen sollten allenfalls nach ausführlichen Recherchen eingeleitet werden. Erweist sich die Empörung des Kindes als eine Bemühung um Beschwichtigung der eigenen Schuldgefühle, so sollte man sich unverzüglich daran machen, die wirklichen Ursachen des Versagens herauszufinden.

Lassen sich seelisch bedingte Ursachen der Schulschwierigkeiten ausschließen, so muß bei älteren Kindern gefragt werden, ob die gewählte Schulform die richtige ist, ob eine bestimmte Fächerwahl den Begabungen und Interessen des Jugendlichen nicht angemessen war und nur aus Bequemlichkeit und Opportunismus so gewählt wurde. Es muß in Frage gestellt werden, ob die Umstände vielleicht eine Klassenwiederholung ratsam machen.

Es ist ein spezieller Mißstand in der derzeitigen Situation der bundesdeutschen Schüler, daß die sogenannte „höhere Bildung" eine gefährliche Überwertung erfahren hat. Bei einem großen Teil unserer Kinder liegt die Hauptbegabung *nicht* im abstraktlogischen, theoretischen Denken, wie es zum Abitur und zur Vorbereitung auf das Universitätsstudium nötig ist. Mehr Kinder sind handwerklich-praktisch, sozial oder künstlerisch begabt. Es wäre besser, diese Kinder nicht alle durch die Mühlen der Oberschulen zu jagen, sondern ihnen rechtzeitig Förderung ihrer speziellen Begabungen angedeihen zu lassen. Es ist für Eltern außerordentlich notwendig, sich auf diesem Gebiet nicht in einen falschen Ehrgeiz hineindrängen zu lassen, sondern im Wissen um die Gleichwertigkeit verschiedenartiger Begabungen mit ihren Kindern denjenigen Ausbildungsweg einzuschlagen, der ihnen wirklich gemäß ist. Durch den drängenden Ehrgeiz von Eltern bei nicht entsprechender Begabungsrichtung der Kinder kann es zu viel Schulmüdigkeit, zum Versagen, ja zu einem unbewußten Leistungswiderstand des Kindes kommen. Der viel berufene Schulstreß hat in Unangemessenheit dieser Art viel häufiger seine Ursache als in einer Überbürdung mit schulischen Leistungsforderungen.

Was können Eltern generell tun, um Schulschwierigkeiten gar nicht erst aufkommen zu lassen?

Als erstes muß eindringlich wiederholt werden, daß die Sorgfalt elterlicher Bemühung im Säuglings- und Kleinkindalter die Wahrscheinlichkeit, daß Schulkinder sorgfältig, gewissenhaft, konzentriert und gehorsam sind, beträchtlich erhöht. Mühewaltung und Zeit, die Eltern ihren Kleinkindern geschenkt haben, werden ihnen im allgemeinen durch zügig arbeitende Schulkinder gewissermaßen zurückerstattet.

Als zweites: Alle Anfänge sollten sehr ernstgenommen werden. Erfolg beim Langlauf Schule hängt weitgehend davon ab, wie der Start gelingt, d.h. die Eltern sollten durch behutsame Wachsamkeit daran mitwirken, daß die Kinder nach den ersten Monaten des Schulbesuchs den Eindruck gewinnen: Das schaff' ich, da ist für mich 'was drin, da möchte ich weiter mitmachen! Dieses schulische Selbstbewußtsein sollte durch Mitfreuen an den kleinen Erfolgen, durch ermunternde Anregungen, durch geschicktes Üben gefördert werden. Anfänger (nicht nur die Schulanfänger, sondern auch die Anfänger in später hinzukommenden Fächern, von den Fremdsprachen bis zur Mathematik) sollten vor Entmutigungen bewahrt werden. Es ist im höchsten Maße gefährlich, Kinder im Anfangsstadium eines schulischen Faches wegen einer unzureichenden Arbeit zu beschimpfen, zu schlagen; ja bereits Tadel kann in dieser Situation fehl am Platz sein und die Weiche auf Mutlosigkeit stellen. Das kann auf ein Abstellgleis führen, von dem es schwer ist, hinwegzufinden, wenn sich erst Teufelskreise eingebahnt haben. Es ist tragisch, wie oft gerade bemühte Eltern hier Fehler machen. Wie häufig geschieht das: Die erste Sechs, die erste Eintragung ins Klassenbuch löst bei den Eltern einen Sturm verzweifelter Empörung aus. Taschengeldentzug wird angedroht, Stubenarrest verordnet, das Heft um die Ohren geschlagen. Aber das alles ist gefährlich falsch!

Denkt man darüber nach, warum Eltern an dieser Stelle ihrer

eigenen Brut gegenüber so selbstmörderisch unpädagogisch handeln, während sie sich fremden Kindern gegenüber einfühlsam abstützend und fördernd verhalten, so wird der tragische Grund bald deutlich: Sie haben Angst, und zwar natürlich um die geliebten eigenen Kinder mehr als um fremde! Vielleicht spielt auch ein wenig die Gegebenheit mit, daß das intellektuelle Versagen der eigenen Kinder gleichzeitig eine Kränkung darstellt, eine Beleidigung des eigenen Selbstwertgefühls. Sollte womöglich im Schulversagen der Kinder die eigene, bisher geschickt verborgene Dummheit offenbar werden? (Der Zweifel an der eigenen Intelligenz ist ein geradezu typisches Kennzeichen der Gescheiten).

Es ist wichtig, sich dergleichen elterliche Schwächen rechtzeitig klar zu machen, um in der entscheidenden Situation nicht das eigentlich noch recht heile Porzellan durch die übersteigerte Reaktion vollends zu zerschlagen.

Wie sollte das aussehen? Zunächst: Kinder, die mit ersten Mißerfolgen aus der Schule kommen, sind traurig. Sie bedürfen des Trostes. Gemeinsam sollte der Schaden angeschaut und den Erzählungen des Kindes wortlos-wohlwollend zugehört werden. Es sollte dem Kind gesagt werden, daß jeder zwischendurch einmal Mißerfolge habe. Das sei nicht schlimm. Man könne die Scharte wieder auswetzen. Mutter und Vater würden ein wenig mithelfen, das Pensum abhören, ein wenig üben. Außerdem: Wer es schaffe, Mißerfolge auszuhalten, ohne zu verzagen, der würde davon stärker, der bekäme ein Stück Seelenhornhaut.

Hämisches Überlegenheitsgetue von älteren Geschwistern sollte zurückgewiesen werden: „Du hast auch nicht immer nur Einsen gebracht; ich übrigens auch nicht, als ich zur Schule ging." Besonders wenn der Vater solche Worte spricht, ist das wirkungsvoll, sieht doch das Kind, daß Vater dennoch groß und stark und erfolgreich geworden ist. Bemühungen dieser Art sind wesentlich mehr ermutigend zu neuen schulischen Anstrengungen für das Kind, als wenn es vom Vater hört, daß der solche schlechte Zensuren niemals heimgebracht hat, dann aber beim Pirschen über den Speicher in den Ferien ein altes Schulzeugnis des Vaters entdeckt mit der Bemerkung „Versetzung zweifelhaft. Max muß sich mehr bemühen!"

Außer der in so viel größerem Maße auftretenden motorischen Unruhe (s. Kapitel M), der neumodischen Opposition (s. Kapitel O), der depressiven Faulheit (Kapitel D und F) und den Nöten, die durch Stehlen (Kapitel L) und Schwänzen entstehen (Kapitel V), gibt es eine Schulschwierigkeit, die heute in einer enorm viel größeren Häufigkeit vorkommt: die sogenannte Legasthenie, die Schreib-Leseschwäche von Kindern. In etwa einem Drittel aller Fälle beruht sie auf einer frühkindlichen Hirnschädigung (s. Erhard Ch. und Lempp R.: Zur Ätiologie der Legasthenie, Z. Kinderpsych. 5., S. 164, 1968); aber es gibt sie auch bei Kindern mit gesundem Gehirn und durchschnittlicher Intelligenz. Mittlerweile hat sich nach einer langen therapeutischen Experimentierphase herausgestellt, daß sie durch viel Schreiben und Üben mit einzelnen Buchstaben, am besten im Einzelunterricht, zu beheben ist; denn die Hauptschwierigkeit bei psychogener Legasthenie besteht oft in einem unzureichenden Erfassen der einzelnen Buchstaben im Schriftbild. Das Kind beobachtet nicht genau genug. Eine Ursache dafür ist, global gesagt, daß vielen der modernen Kindern im Vorschulalter zu wenig „Beschaulichkeit" geschenkt wird*. Sowohl das beschauliche Einander-Anschauen von Mutter und Kind im Säuglingsalter, wie besinnliche Spielstunden auch einmal in der Vereinzelung werden unseren Kindern heute meist zu wenig geschenkt. Die organisierte Hektik des Kinderlebens samt der Reizüberflutung durch nicht verstehbare Eindrücke vom Bildschirm her bewirken eine unzureichende Ausbildung der Beobachtungsfähigkeit.

Für Kinder, die hier ein Defizit mit in die Schule bringen, ist die Ganzwortmethode die schlechtere Leseeinführung, weil auch hier zu viele Eindrücke auf einmal angeboten werden, so daß sich gegen die spezielle Überforderung ein Abwehrautomatismus ausbildet: Das Kind guckt gar nicht erst richtig hin und beschränkt sich aufs Raten.

Welche Ursache die Legasthenie auch hat: Wichtig ist es, sie so rasch wie möglich, am besten bereits vor dem ersten Schuljahr zu entdecken** und mit speziellen Übungen zu beginnen***.

---

* Meves, C.: Verhaltensstörungen bei Kindern, München 1971. Schmid, P.: Vom erzieherischen Wert der Legasthenietherapie 2 (69–72) 1978.

** Graichen, J.: Kann man legasthenische und dyskalkulatorische Schulschwierigkeiten voraussagen? Z. Psych. 2 (52–57) 1975.

*** Reuter, P. E.: Eltern arbeiten mit lese-rechtschreibschwachen Kindern, Fachkongr. Legasthenie, Mannheim 1978.

Besser als Legasthenieunterricht in der Gruppe ist die Mühewaltung mit dem einzelnen Kind. Vielleicht lebt im Hause eine Großmutter, die sich an ihre eigene Schulzeit noch erinnert. Mit ihr sollte das Kind mit Filzstiften und vorgezeichneten Linien groß die Buchstaben malen, den gleichen Buchstaben viele Male, immer wieder, die gleichen einfachen Wortzusammenstellungen – Mama, Oma, Opa, Papa – immer wieder. Darüber hinaus sollte man mit dem schreib-leseschwachen Kind gemeinsam lesen, aus Büchern mit großer Schrift, umschichtig Satz für Satz. Dazu sollte man sich immer neue Kinderbücher aus den städtischen Büchereien besorgen und an jedem Wochenende mit einer neuen Geschichte beginnen. Das Kind darf dabei nicht den Eindruck haben, daß es mit dem Erwachsenen Schularbeiten macht. Es sollte die berechtigte Vorstellung einer schönen, lustvollen Gemeinsamkeit haben.

Kopfschüttelnde Verzweiflung, entmutigte Wutausbrüche – „Mensch, Jan, geh doch gleich zur Müllabfuhr – lesen lernst du nie!“ – sollten unter allen Umständen vermieden werden. Fortschritte sollten registriert, gelobt und das Können vielleicht sogar dem Vater am Abend noch einmal gezeigt und mit Freude von ihm bestätigt werden. Das ist der sicherste Weg, um einer Blockade abzuhelfen, die sonst viele nachteilige Folgen hat.

Sehr gelegentlich kommt es bei Kindern, die am Anfang häufig Mißerfolge mit dem Lesen und Schreiben haben oder die als Linkshänder mit Gewalt zu einem Schreiben mit der rechten Hand genötigt wurden, zu einem Schreibkrampf. Ich deute diese Schwierigkeit in diesem Zusammenhang lediglich an, weil ich mehrere Male erlebt habe, daß Kinder mit Schreibkrämpfen in die Behandlung von Ärzten gerieten, die aus Unkenntnis über das Krankheitsbild des psychisch bedingten Schreibkrampfes einen epileptischen Hintergrund annahmen und mit einer speziellen Therapie darauf antworteten. Auch Kindern mit Schreibkrämpfen kann in der Weise geholfen werden, wie es bei Kindern mit Legasthenie beschrieben wurde. Jedenfalls hat sich das verhaltenstherapeutische Konzept der Desensibilisierung, d. h. das Schreiben zunächst in einer nicht bedrohlichen Situation mit viel Spaßmachen zu üben, sehr bewährt.

Zwar steht hinter dem Schreibkrampf die Persönlichkeitsstruktur einer mehr oder weniger ängstlich-phobischen oder ehrgeizig-zwanghaften Seele (s. Kapitel P und Z), aber ein unverkrampftes, locker spielerisches Kurieren am Symptom kann hier auch bereits mithelfen, übersteigerten Strukturverfestigungen entgegenzuwirken.

Es soll am Schluß dieses Kapitels noch einmal darauf hingewiesen werden, daß der negative Einfluß von zu vielem und wahllosem Fernsehkonsum auf die schulische Leistungsfähigkeit der Kinder gar nicht nachhaltig genug hingewiesen werden kann. Bemühte Eltern müssen deshalb heute dafür Sorge tragen, durch altersentsprechende Gestaltung der Freizeit, ihre Kinder davon abzuhalten, fernsehsüchtig, und das heißt: unruhig, unkonzentriert, flüchtig und uneinfühlsam zu werden. Das ist eine schwere neue zusätzliche Aufgabe; denn mit dem Verbieten ist es nicht getan! Es muß ein besseres Angebot gemacht werden, das zur Aktivität anregt statt zum Konsum zu verleiten. Ohne die persönliche Einsatzbereitschaft der Eltern ist das nicht in die Wege zu leiten!

St

Störungen des Schlafs und des Sprechens

(Einschlafstörungen, Stottern, Lispeln)

Psychisch bedingte Schlaf- und Sprechstörungen gehören insofern gemeinsam in ein Kapitel als es sich bei beiden häufig um ein Tausendfüßlerproblem handelt. Jedenfalls behauptet die Mär, daß der Tausendfüßler keinen Schritt mit seinen zahllosen Beinchen vorankäme, wenn er die Möglichkeit hätte, über sein Laufen nachzudenken. Er würde sich hoffnungslos verheddern. In diesem Witz steckt eine physiologische Wahrheit: Alle unsere Aktionen, die über das Stammhirn gesteuert werden (und bei allen triebhaften Handlungen, bei der Motorik, der Sprache und beim Einschlafen ist das so), gelingen weniger glatt, wenn wir sie reflektieren, d.h. wenn wir unserem Großhirn die Möglichkeit geben, sich bei der Aktion dazwischenzuschalten. Es gelingt uns nicht mehr, eine uns bekannte, jeden Tag benutzte Treppe zwei, drei Stufen auf einmal nehmend hinabzuspringen, wenn wir unsere Gedanken bewußt auf den Vorgang richten. Die Gefahr, daß wir stolpern, ist dann wesentlich größer. Beim Einschlafen ist das nicht anders, und auch hier kann die bewußte Reflexion den Vorgang nachhaltig bremsen. Schwierigkeiten dieser Art treten weniger bei Kleinkindern auf, aber schon vom Grundschulalter ab können sie eine chronische Einschlafstörung hervorrufen. Wenn Eltern von diesen Gegebenheiten nichts wissen, können sie die Schwierigkeit ihrer Kinder durch Besorgtsein nachhaltig verstärken. Worte wie: „Aber Kind, Du mußt doch schlafen!" „Mäuschen, schläfst Du immer noch nicht?" in zehnminütigem Abstand gerufen, bewirken mit großer Wahrscheinlichkeit, daß das Kind erst einschläft, wenn es todmüde ist.

Wirkungsvolle elterliche Hilfe muß anders aussehen. Kommt ein Kind aus seinem Schlafraum zu den Eltern und sagt: „Mama, ich kann nicht einschlafen", dann sollte man (unter der Voraussetzung, daß nicht irgendwelche Schmerzen, Lärm oder andere berechtigte, abstellbare Gründe dafür vorliegen) antworten:

„Oh, das ist nicht schlimm, das geht uns allen immer einmal so. Es macht auch gar nichts, wenn man einmal etwas weniger schläft, das holst Du dann am Wochenende wieder nach." Auf gar keinen Fall sollte also geantwortet werden: „Aber Kind, Du *mußt* doch schlafen, wie willst Du sonst morgen in der Schule etwas leisten können? Dann verhaust Du die Rechenarbeit bestimmt." Bemerkungen dieser Art alarmieren das Kind und machen es oft für Stunden ebenso hellwach wie unglücklich. Es ist auch unsinnig, nun gleich den Medikamentenschrank mit den Schlafmitteln zu bemühen. Und auch ein Scheinmedikament ist nicht empfehlenswert. Gaben zum Einschlafen lassen die Gedanken auf die Einschlaferwartung gerichtet bleiben, und das ist eins der wirksamsten Mittel, um wach zu bleiben. Sinnvoll ist es vielmehr, das Kind zurückzuführen, ein mildes Nachttischlämpchen zum Leuchten zu bringen und zu sagen: „Bleib doch einfach noch ein wenig wach. Mach' es dir gemütlich. Schau, ich habe dir eine Clementine (einen Apfel, eine Apfelsine) zerlegt, und das hübsche neue Buch habe ich auch für dich bereit gelegt. Lies noch ein wenig! Die Tür lassen wir angelehnt, das Licht an. Ich komme nachher noch einmal herüber. Wir sind ja alle da. Wenn man im Bett liegt und es sich gemütlich macht, kommt man auch bereits zum guten Ausruhen. Ich habe das oft selbst ausprobiert."

Dergleichen Bemerkungen sind angebracht, weil das Kind mit seinem Jammern über das Nichteinschlafenkönnen nur allzu gerne erreichen möchte, daß es bei dem aufregenden Fernsehstück, bei dem interessanten Besuch, bei dem Gespräch zwischen Mutter und Vater dabei sein kann. Auf solche erpresserischen Bemühungen der Kinder, ihren Verhaltensspielraum unzulässig zu überdehnen, sollte man nicht eingehen. Es ist dem älteren Kind und seiner Entwicklung bekömmlicher, ihm auch hier seine Grenzen aufzuzeigen. Das sollte nach Möglichkeit nicht mit lautstarker Gewaltanwendung, nicht mit wütendem Wegscheuchen geschehen. Es gehört zur Natur des Menschen, seine Eigenmacht weit und immer weiter auszudehnen, je mehr der andere zurückweicht und den Raum zur Invasion zur Verfügung stellt. Jedes seelisch gesunde Kind versucht das mit seinen Eltern. Aber auf diese Weise züchten wir anpassungsunfähige Tyrannen. Gewöhnung an die Grenzen des eigenen Verhaltensspielraumes gehört lebensnotwendig zur Vorbereitung im Erwachsenenalter. Eine Einschlafstörung kann deshalb auch dadurch entstehen, daß eine Gewöhnung an eine immer gleiche Zeit des Schlafengehens nicht stattgefunden hat. In solchen Fällen kann das Nachholen der Eingewöhnung an einen gleichen Rhythmus, an eine gute tägliche Ordnung beruhigend und heilend wirken.

Grenzziehungen dieser Art durchzusetzen, gelingt Vätern oft besser als Müttern, weil der natürliche väterliche Egoismus meist unverdrängt vorhanden und nicht, wie häufig bei den Müttern durch den Pflegetrieb verdrängt ist.

Wenn die Einschlafstörung trotz des richtigen Verhaltens der Eltern hartnäckig über Tage und Wochen erhalten bleibt, muß nach einer tiefergehenden Beunruhigung des Kindes gefahndet werden, freilich am besten auch hier so, daß das Kind nicht allzu direkt in das besorgte Nachdenken seiner Eltern einbezogen wird. Hinter der Einschlafstörung kann eine verkrampfte Leistungsanst des Kindes stehen und sich eine Schulphobie anbahnen (s. Kapitel P), das Kind kann eine Existenzbedrohung der Familie wittern, ohne daß es davon Kenntnis hat, es kann in eine sexuelle Not (s. Kapitel S) geraten oder von Schuldgefühlen wegen eines strafwürdigen Geheimnisses geplagt sein. Es hat wenig Sinn, das Kind darüber zu befragen und in es zu dringen, seine Not auszusprechen. Oft ist sie ihm überhaupt nicht im Bewußtsein! Drängendes Mitleiden nach dem Motto: „Kind, nun sag' doch endlich, was Dich quält!" kann bewirken, daß das Kind etwas erfindet, um Mutters lästiges Fragen loszuwerden. Auf jeden Fall macht ein solches elterliches Verhalten das Kind eigentlich erst so recht unglücklich.

Besser ist es, in geduldiger Wachheit auf dem „Quivive" zu sein. Aus Träumen und Spielinhalten, aus Phantasiegeschichten und freien Zeichnungen lassen sich häufig viel eher die richtigen Ursachen für die Beunruhigung des Kindes herausfinden, als mit Hilfe von bohrenden Fragen.

Die Sprache des Unbewußten zu entschlüsseln, um verdrängte Kinderängste in die Verarbeitungsmöglichkeit zu bekommen, ist das spezielle Aufgabengebiet von analytischen Kinder- und Jugendlichenpsychotherapeuten. Nach einem Fachmann dieser Art sollte man auf die Suche gehen, wenn die Einschlafstörungen trotz vernünftigem, liebevollem Verhalten der Umwelt sich nicht beheben lassen.

Das eben Gesagte gilt freilich vornehmlich für Schulkinder und Jugendliche. Im Kleinkindalter gibt es fast regelhaft eine Phase, in der sich die Kinder vorübergehend mit dem Einschlafen, häufig auch mit dem Durchschlafen schwer tun. Diese Zeit liegt meist im dritten und vierten Lebensjahr. Es ist die Phase, in der die Eltern ihren Kindern ein größeres Bett und oft auch einen eigenen Schlafraum zur Verfügung stellen. Diese nächtliche Distanzierung löst häufig, schon ganz und gar bei Kindern, die Krankenhausaufenthalte oder sonstige Trennungen von ihren Müttern erfahren haben, Angst aus. Halb gerät es ins Bewußtsein, daß man ohne den Schutz der Eltern verraten und verkauft ist. Diese Angst läßt zu Mutter zurückdrängen. Sehr häufig erwachen Kinder in dieser Altersstufe des nachts und machen sich unverzüglich auf, Mutter zu suchen und sich bei ihr einzukuscheln.

Am besten ist es, unter liebevollem Gemurmel das Kind in das eigene Bett zurückzutransportieren, vielleicht auch ein Lämpchen leuchten zu lassen, mit Zudecken und Über-den-Kopf-streicheln dem halb schlafenden Kind die Nähe der Mutter zu signalisieren. Auf jeden Fall sollte der Schlafplatz des Kindes bei einer Situation dieser Art in Rufnähe der Eltern bleiben. Es ist auch nicht schädlich für das Kind im Kleinkindalter, wenn es den Rest der Nacht im Bett der Mutter verbringt. Man muß nur wissen, daß damit die Wahrscheinlichkeit, daß das Kind nun ein paar Monate lang Nacht für Nacht angetappt kommt, außerordentlich groß ist.

Eine Mutter, die ein granadisches Nachtlager dieser Art als Überforderung erlebt, sollte lieber einige Nächte lang den ersten Weg gehen. Erfahrungsgemäß geben Kinder nach einiger Zeit ihre Bemühungen, zu Mutter ins Bett zu kommen, auf, wenn sie fortgesetzt erfolglos bleiben. Dieser Weg ist aber nur unter der Voraussetzung ratsam, daß das Kind nicht mit Gewalt in sein Bett verbannt wird. Nächtliches Schlagen, Einschließen, brutales Ausstoßen kann schwere seelische Verletzungen hervorrufen, die durch die Kindheit hindurch latent bleiben, aber im Jugendalter wie eine Bombe mit Zeitzünder als Angstneurose, als Hyperaggressivität oder als Zwangsneurose in Erscheinung treten und das Leben der jungen Menschen samt ihrer Familien bzw. ihrer Umwelt nachhaltig beeinträchtigen können.

(Das im Kleinkindalter ebenfalls häufige nächtliche Aufschreien der Kinder wird in Kapitel T [Träume] mitbehandelt).

Sprechen kann man ebenso wenig wie einschlafen, wenn man es *muß*. Das sicherste Mittel, jemanden am Sprechen zu hindern, ist, ihn unter wiederholtem Drängen dazu aufzufordern. Dabei neigen Kinder, denen man bereits in jungen Jahren mit Appellen an das Gewissen ein überhöhtes Maß an Forderungen gestellt hat, dazu, sich mit dieser Befehlsgewalt zu identifizieren und vom Grundschulalter ab eine innere Instanz zu errichten, die nach dem eingewöhnten Dressurmuster sich selbst Befehle mit Vollkommenheitsanspruch erteilt. Das führt deshalb mit großer Regelmäßigkeit zum Mißerfolg, weil der Selbstbehauptungstrieb sich gegen den inneren Diktator zur Wehr setzt und mit einem unbewußten Widerstand Kadavergehorsam dieser Art blockiert. Sagt die innere Instanz: „Arbeite nun, leiste Glänzendes!", so fängt der Bedrängte an, den Arbeitsanfang immer weiter hinauszuschieben und bei vermehrtem Druck von außen und innen überhaupt gar nicht erst anzufangen. Sagt sie: „Sprich nun, sprich in gepflegtem Deutsch, in makelloser Sprache!", so verstummt der Bedrängte, und wenn er schließlich ein Stück der Blockade überwindet, so redet er stockend, mühsam, zerhackt, dürftig, ja im Extremfall holpernd, stammelnd, stotternd. Und je mehr das Kind nun diese seine Taten beschämt als unzureichend verwirft, umso mehr verschlimmert sich das Übel.

Beim Stottern setzt die Schwierigkeit freilich meist bereits ein, bevor das Kind mit einer solchen das Leiden verstärkenden Selbstkontrolle beginnt, und zwar in der Phase, in der es gerade zu sprechen gelernt hat und nun einen großen Drang verspürt, sich zu artikulieren, oft in einem höheren Maß als es seinem Vermögen entspricht. Besonders vitale Kinder beginnen in dieser Phase immer einmal wieder zu holpern. Es ist nun von entscheidender Wichtigkeit, die spontane Sprechfreude des Kindes nicht zu unterbrechen, unrichtig gesprochene Worte nicht zu korrigieren und das Kind nicht aufzufordern, den letzten Satz, korrekt gesprochen zu wiederholen. Ein Verhalten dieser Art kann eine Sprachstörung nachhaltig einbahnen. Nicht umsonst liegt die Entstehung von Stotterleiden meist genau in der Phase, in der der Wille des Kindes sich entfaltet, in der sein Bewegungsdrang so ungeheuer mächtig ist. Übersteigerte Einschränkungen des Bewegungsdranges in diesem Alter (und das ist z. B. auch durch körperliche Behinderung möglich) und eine Erziehung, die das Ego, den Eigenwillen des Kindes zu weitgehend drosselt (s. Kapitel B), kann den Konflikt zwischen Herausgeben und Zurückhalten ohnehin als Sprechschwierigkeit sichtbar werden lassen. Gehen die in solchen Fällen immer sehr bemühten Erzieher nun daran, auch diesem Leiden durch permanentes Ermahnen den Garaus zu machen, so ist es praktisch fertig, das Stotterleiden.

Man wird den Eltern von sprachgestörten Kindern nicht gerecht, wenn man über sie den Kopf schüttelt. Es ist ebenso tragisch wie bemitleidenswert, daß elterlicher Eifer, wenn er sich zu eingreifend, zu ungeduldig bemüht, große Schwierigkeiten bei den Kindern hervorrufen kann, wenn auch andere, als wenn die Kinder durch Nachlässigkeit geschädigt werden.

Was für pädagogische Konsequenzen haben diese Einsichten? Erzieher, die erleben, daß ihre Kinder stockend zu sprechen beginnen, sollten jegliches Aufmerksammachen auf die Störung vermeiden. Stattdessen sollte dem Kind so viel wie möglich Gelegenheit gegeben werden, zu sprechen ohne daß man es dabei unterbricht. Ebenso sollte man die Handlungen der Kinder so wenig wie möglich unterbrechen. Das Kind muß generell zum Zuge kommen dürfen, statt im Übermaß fremdbestimmt zu werden.

Nicht selten sind es übrigens auch ältere Geschwister, besonders häufig Schwestern, die mit penetranter Gouvernantenhaftigkeit ihren jüngeren Brüdern die Möglichkeit zur Entfaltung einer eigenständigen Spontaneität rauben. Da im allgemeinen (neue wissenschaftliche Forschungsergebnisse haben das bestätigt*) Knaben ein wesentlich stärkeres Bedürfnis nach motorischer Aktivität haben und infolgedessen oft stärkeren Bemühungen zum Eindämmen ihrer Aktivität ausgesetzt sind, werden sehr viel mehr Jungen als Mädchen zu Stotterern. Freilich gilt das nur für das psychogene Stottern. Es gibt vereinzelt auch ein organisch bedingtes. Auch hier bedarf es also einer Differentialdiagnose durch den Neurologen. Ist eine organische Ursache ausgeschlossen, so ist es nicht angezeigt, mit stotternden Kindern glattes Sprechen einüben zu wollen. Durch derlei Bemühungen pflegt sich das psychisch bedingte Stotterleiden nachhal-

---

* Sullerot, E. (Hg.): Die Wirklichkeit der Frau, 1979.

tig zu chronifizieren. Ist es nicht gelungen, die Sprachschwierigkeit durch viel Bemühung, dem Kind in seiner Umwelt einen großen Entfaltungsspielraum zu geben, bis zur Vorpubertät allmählich abzubauen, beginnt das Kind unter der Störung sogar so zu leiden, daß es sie zu unterdrücken sucht (wodurch sie sich zwangsläufig verschlimmert), so sollte man mit ihm (ähnlich wie beim zwanghaften Rotwerden und beim Nicht-einschlafen-können) ein Konterprogramm beginnen: Man sollte gemeinsam stottern. Man sollte sich bemühen, so viel wie möglich zu stottern. Die besonders gefährdeten Wortanfänge sollten besonders ausdrücklich nur stotternd ausgesprochen werden*. Ebenso wie bei den bereits beschriebenen Zwängen sollte dem Kind verdeutlicht werden, daß es eigentlich besonders hochstehend sei, seine Fehler gar nicht erst vertuschen zu wollen; jeder habe seine eigenen. Und wenn die anderen etwa über die Sprachschwierigkeit lachen, so sei das nur ein Zeichen dafür, wie wenig sie sich Gedanken über ihre eigenen Schwächen gemacht hätten. Es sei schließlich auch nicht böse, anderen zu ihrem Spaß zu verhelfen. Sie sollten nun einmal ordentlich etwas zu lachen haben. Man sollte – auch im Schulunterricht – vor jeder Antwort denken: „Denen werd' ich aber einmal ordentlich etwas vorstottern!"

Die Lehrer sollten die Eltern stotternder Kinder hingegen bitten, das Kind stotternd aussprechen zu lassen, ohne es zu unterbrechen und der Klasse in Abwesenheit des sprachgestörten Kindes zu verbieten, es wegen seiner Schwierigkeit auszulachen oder zu hänseln. Geschieht das trotzdem, sollte das feixende Kind vom Lehrer wortlos und unverzüglich vor die Tür gesetzt werden. Die Klassenkameraden pflegen binnen kurzem die Bemühung des Lehrers um ein Überhören des Stotterleidens zu unterstützen.

Besonders bewährt bei der Therapie von Stotterleiden hat sich das Schauspielern nach auswendig gelernten Texten, viel Singen, Gedichtrezitationen und Spielen, bei denen der Stotterer – etwa als Schiedsrichter – viel und laut zu kommandieren hat. Bei keinem der vorgenannten Lautäußerungen (wie übrigens auch beim Zählen) stottert das beeinträchtigte Kind. Je mehr aber Lautäußerungen mit glattem Sprechvorgang gelingen, umso

* Kehrer H. E. und Stegat H.: Über die Behandlung von Stotterern nach Verhaltenstherapeutischer Methode (negative Praxis), Z. Kinderpsych. 5 (164–170).

mehr schwächt sich die Schwierigkeit auch beim spontanen Sprechen ab. Eine gute Unterstützung können übrigens auch laute Musikinstrumente sein. Die Pauke schlagen, noch besser trompeten, Posaune oder Horn blasen, können gute Dienste leisten, wenn sie nicht mit übertriebenen Forderungen zum Üben verbunden sind.

Das gilt auch für das Lispeln. Ganz besonders kann hier das Flöten, bei kleinen Kindern auf der Blockflöte, später besser noch auf der Querflöte als Therapeutikum hilfreich sein.

Damit besorgte Eltern im Hinblick auf die psychisch bedingten Sprechschwierigkeiten ihres Kindes den Mut zur Geduld nicht verlieren, sei noch erwähnt, daß nur ein verschwindend geringer Prozentsatz von Sprachleidenden damit lebenslänglich behaftet bleibt. Die Mehrzahl der Menschen mit einer Sprachstörung überwindet sie spontan, wenn sie selbst mehr zu kommandieren als zu gehorchen haben. Und da stotternde Kinder fast immer gewissenhafte Schüler sind, kommen sie in der beruflichen Stufenleiter meist relativ rasch zu solchen Gelegenheiten. Auch die materielle Unabhängigkeit wirkt entkrampfend. Ich habe mehrere Male erlebt, daß das Leiden spontan verschwand, nachdem der Stotternde bei der Bundeswehr Feldwebel geworden war: Das Gefühl, Macht zu haben und mit vollem Recht maßvoll ausüben zu dürfen, läßt die Gehemmtheit, die durch zu viel und zu frühes Entmächtigtsein entstanden ist, manchmal geradezu schlagartig verschwinden.

T

Tagträumen – Angstträume

Der neunjährige Clemens baut in der ersten Untersuchungsstunde ein seltsames Gebilde: Er fertigt aus Klötzen ein Hochhaus mit mehreren Etagen, aber ohne Treppenhaus – wie er erklärt – nur mit Fahrstuhl. Der Wolkenkratzer hat einen Dachgarten. Dort liegt im Liegestuhl ein Knabe, neben sich einen Bottich mit einer Flasche und Obst. Unten auf dem Parkett, außerhalb des Hauses spielt sich allerlei Bedrohliches ab: Ein Fuchs belauert das Federvieh, ein Mädchen macht Schularbeiten, unbeaufsichtigte Schweine sind dabei, aus ihrem Koben auszubrechen. Clemens ist ein Tagträumer. Er hat sich in das Wolkenkuckucksheim seiner eigenen Welt eingesponnen. Er hört meist nicht richtig zu, wenn er angesprochen wird, weder in der Schule noch zu Hause.

Tagträumen von Kindern ist ein Abwehrmechanismus gegen eine Realität, die ihnen unerträglich ist, gegen die andere Abwehrmöglichkeiten ihnen aber nicht zur Verfügung stehen. Oft sind es körperlich und seelisch zarte Kinder, denen es unmöglich erscheint, sich gegenüber einem sehr vorherrschenden Element durchzusetzen. In dem kleinen Spieltest demonstriert das Kind augenfällig, worum es sich in diesem Fall handelt: um eine supertüchtige, tugendhafte ältere Schwester. „Ja, Claudia", sagt Clemens gedehnt, „die kann alles. Die schreibt nur Einsen. Die schafft bestimmt noch das Abi. Sie macht auch immer mit mir Schularbeiten; aber ich kapier' das doch alles nicht", fügt er traurig resigniert hinzu. Clemens' Mutter weiß über ihn nicht viele Einzelheiten zu berichten. Sie unterstützt ihren Mann nachmittags in der ärztlichen Praxis. „Ich bin nun einmal mehr Ehefrau als Mutter", sagt sie seufzend.

Aber Claudia packt über Clemens so richtig aus: „Wissen Sie", legt sie mit altkluger Miene los, „ich glaube, der hat sie nicht alle

– ehrlich. Ich kann noch so viel auf den einreden – plötzlich nickt er so komisch und spricht mit irgendwem, der gar nicht da ist. ‚Was hast Du?' schrei' ich ihn dann an und schüttel' ihn. Dann wird er auf einmal wach, guckt mich verglast an und fragt: ‚Was denn nun schon wieder?'"

In den Spielstunden bei mir wagt Clemens aber bald, unverdeckt seine Phantasien preiszugeben. Er hat einen Phantasiespielgefährten, mit dem macht er Reisen zum Mond, nach Afrika und zu den Inkas. Er ist ein rechter kleiner Dichter mit all seinen spannend gefährlichen Abenteuern. Aber immer ist er letztlich der schlaue Held, eine Art tapferes Schneiderlein, eine Mischung aus Pinoccio und Lillibror.

Als Clemens erst einmal heraus hat, daß auch sein Spiel ein Wert ist, als unter den Klassenkameraden ein ähnlich besinnlicher Knabe gefunden ist, mit dem er gemeinsam unter Aufsicht von dessen Mutter seine Schularbeiten machen kann, als er erst einmal der täglichen kopfschüttelnden Abwertung durch seine Schwester enthoben ist, beginnt Clemens auch in der Schule aufzupassen. Es gelingt ihm, seine Phantasien in die gemeinsamen Spiele mit dem Freund einzubringen; er hat es so bald nicht mehr nötig, das tägliche Erleben von Schwäche durch ein phantasiertes Heldenleben zu kompensieren.

Kleine Tagträumer sind rasch zu heilen, wenn man herausfindet, was sie nötigt, die Fahrstuhlklappen zum Hochhaus ihrer Seele dicht zu machen.

Bei den Angstträumen der Nacht ist das nicht viel anders, obgleich sie nicht immer ein bedenkliches Zeichen sind. Jeder Mensch hat gelegentlich einmal einen Alptraum. Manchmal schafft sich auf diese Weise ein ängstigender Tagesrest ein Ventil, manchmal enthält er eine Warnung des Unbewußten, ein seelisch bedrohliches Problem nicht weiter zu verdrängen. Manchmal hat sich eine Geburtsangst, z. B. die Gefahr zu ersticken unter einer akuten Bedrohung neu belebt und tritt als Vernichtungstraum hervor. Wir können es unseren Kindern nicht ersparen, ängstigende Erlebnisse zu haben, die in der Seele nachwirken. Zur Frage sollten Angstträume erst für Eltern werden, wenn die Kinder oft, mehrere Nächte hintereinander mit entsetztem Weinen aus dem Schlaf auffahren. In solchen Fällen lohnt es sich, das Kind bei seinem Namen zu rufen, es in den Arm zu nehmen und zu sagen: „Ja, Mutter ist da, ja, ja, alle sind da. Da hast Du wohl etwas ganz Altes geträumt!“ Bei wiederholtem nächtlichen Aufschrecken ist es sinnvoll, das Kind durch Ansprechen so wach zu halten, daß es von dem bedrohlichen Traumgeschehen befreit wird. Bei wiederholtem Aufschreien sollte man nachfragen: „Was war denn los? Was hast Du denn geträumt?“ Oft können die Kinder dann im Halbschlaf eine Andeutung machen: „Ach, da war wieder der große Trecker.“ „Die Kuh, die Kuh – sie wollte mich aufspießen!“ „Thomas hat mich den Berg ’runtergeschubst“ – oder was auch immer.

Es ist nicht nötig, die Fragerei auszudehnen, sondern man sollte das Kind so schnell wie möglich streichelnd wieder zur Ruhe legen. Hat man erst einmal einen Teil des Inhalts aufgefangen, so kann das Kind meistens am Morgen weitere Details erinnern und erzählen. „Ach ja, das Krokodil, jetzt weiß ich wieder“, antworten Kinder dann häufig, wenn man sie auf das nächtliche Ereignis hin anspricht, „das will Berni immer auffressen.“ In einem solchen Traum kommt z. B. eine verdrängte Riesenaggression gegen das gerade geborene Geschwister Berni, das von der Mutter so viel wegnimmt, zum Ausdruck. Das nächtliche Aufschreien pflegt auf Nimmerwiedersehen zu verschwinden, wenn man daraus die Konsequenz zieht, daß das Kind nicht so weit ins Abseits gestellt bleiben darf, sondern wenn Berni schläft, auch einmal die volle Zuwendung der Mutter ganz allein braucht.

Besonders häufig kommt der sogenannte Pavor nocturnus bei Kindern vor, deren Mütter zu liebesmächtig sind. Diese Kinder sind es, die im Traum von Lokomotiven, Treckern, Lastwagen und Kühen überfahren werden. Das Leiden chronifiziert sich, wenn die Kinder von der Mutter dann regelmäßig mit ins Bett genommen werden und die Mutter auch am Tage ihre Behütung verdoppelt.

Die entgegengesetzte Marschrichtung führt meist eher zum Erfolg. Mehr Selbständigkeit (nicht in brutaler Abnabelung, sondern in behutsamer Gewöhnung) sollte eingeübt werden, mehr körperliche Ertüchtigung, die in dem Kind den Eindruck entstehen läßt, daß es doch schon ganz schön stark und wehrhaft ist. Bei Träumen, in denen das Kind überfahren wird, ist es auch sinnvoll, es am Tage dazu anzuregen, selbst Krokodil, Höllenhund oder Raubritter zu spielen. Bekommt das Kind Gelegenheit, als brüllender Löwe mit rollenden Augen umherzukrabbeln, spielt die Mutter dann die ängstlich jammernd Verschreckte, so wird das Kind mit begeisterter Lust seine Befreiungsgelüste ausagieren und zu einer entlastenden Vorstellung von Eigenstärke kommen. Im Vorschulalter kann es auch hilfreich sein, kleinen Buben eine Krone zu basteln und das Kind damit zum Kaiser oder König zu krönen. Ein Plastikschwert und ein alter Bademantel können seine Macht und Würde unterstreichen. Schafft es die mächtige Phalanx der Erwachsenen, dem kleinen Spielkönig ehrerbietig Untertänigkeit darzutun, dann kann es dem Kind ebenfalls besser gelingen, das Gefühl seiner existenzgefährdenden Ohnmacht abzuschwächen.

Manche Angstträume der Kinder sind Märchenmotiven angelehnt. Eltern ziehen daraus gern einmal den Schluß, daß Märchen ihre Kinder ängstigen und deshalb besser nicht mehr erzählt werden sollten. Das ist aber meistens ein Irrtum. Das Märchen bildet nur den Auslöser zu einer speziellen Problematik des Kindes, die in dem Inhalt des gehörten Märchens anklingt; denn dies genau ist ja das Wesen der Märchen: Sie bringen in einer symbolhaften Bildersprache die typischen Grundprobleme und Ängste des Menschen zum Ausdruck – in „Hänsel und Gretel" z. B. die Angst vor der harten und der überwärmend verwöhnenden Mutter, in den „Sieben Geißlein" vor der destruktiven Gewalt eines jähzornigen Vaters. In dem Märchen „vom Fischer und siner Fru" wird vor Riesenansprüchen, in „Frau Holle" vor Lebensverweigerung gewarnt. Ist das Kind mit ähnlichen Problemen konfrontiert, wie sie im Märchen dargestellt sind, so macht die entsprechende Geschichte einen besonders tiefen Eindruck auf sie. Deshalb sollte ein Anklang an Märchenmotive in den Angstträumen der Kinder allenfalls als Hinweis auf die inhaltliche Problematik verstanden werden.

Bei Fernsehstücken ist das im allgemeinen nicht viel anders. Freilich darf nicht übersehen werden, daß vor allem Pornographie der Gewalt im Fernsehen ein Kind nachhaltig ängstigen kann. Neuere Untersuchungen haben bestätigt, daß brutale Kriminalstücke, dem Kind vor dem Schlafengehen serviert, Schlafstörungen multiplizieren*. Es sollte unbedingt vermieden werden, Kindern Filme zuzumuten, die ihrem Verständnisgrad nicht angemessen sind. Am besten ist es, Kinder überhaupt nicht

---

* Lang, E.: Kind, Familie und Fernsehen. Freiburg o.J.

unbeaufsichtigt dem Fernsehen zu überlassen. Die Bilanz der negativen, ängstigenden Wirkung des Fernsehens auf die Kinder ist weltweit so erschreckend, daß man nicht nachhaltig genug an die Stelle des Fernsehkonsums konstruktive Beschäftigungen mit den Kindern setzen sollte.

U

Unsauberkeit – Unordnung

(Bettnässen)

Über das, was Eltern als ein Unmaß an Unsauberkeit und Unordnung verstehen, entscheidet weniger eine allgemeine Vorstellung darüber, als ihr eigenes Maß auf diesem Sektor. Über die Verhaltensstörung Verwahrlosung, die generell meist auch durch eine Unfähigkeit zu Ordnung und Sauberkeit gekennzeichnet ist, soll erst im nächsten Kapitel die Rede sein.

In diesem Abschnitt soll von einer speziellen Unsauberkeit, dem Bettnässen, gesprochen und danach jene Formen von Unordnung behandelt werden, die über das normale Maß nicht hinausgehen.

Zu Unrecht meist empfinden es Mütter als einen Makel, daß ihr Kind mit fünf, sieben, neun oder manchmal sogar mit zwölf Jahren immer noch einnäßt. Sie erleben dieses Leiden ihrer Kinder meist als ein persönliches Versagen. Oft meinen sie aber auch, darin eine mehr oder weniger bewußte Aggression ihrer Kinder erkennen zu können und antworten auf dem Boden solcher Vorstellung mit sich mehr und mehr verfestigender Gekränktheit, mit emotionaler Distanzierung von dem kleinen „Bösewicht" oder auch mit mehr oder weniger handgreiflicher Aggression. Schuldgefühle der pflegenden Mütter sind aber in den meisten Fällen unberechtigt. Das psychisch bedingte Bettnässen (eine spezielle ärztliche Untersuchung sollte einen organischen Hintergrund der Schwierigkeit zunächst grundsätzlich ausschließen!) hat in der Regel weder etwas mit Schuld der Mutter noch mit Schuld des Kindes zu tun. Die Unfähigkeit, des Nachts sauber zu sein, ist vielmehr in fast allen Fällen die Folge einer Abweichung, deren Zusammenhang mit dem Einnässen den meisten Beobachtern verborgen bleibt: Bettnässende Kinder haben durchgängig einen ungewöhnlich tiefen Schlaf. Dieser bleierne Tiefschlaf ist es, der bewirkt, daß der Reiz der gefüllten

Blase nicht zum Aufwachen führt. Im Durchschnitt schläft der Mensch nicht so tief, daß er nicht durch Außen- oder Binnenreize weckbar wäre, auch im Kindes- und Säuglingsalter nicht. Versinken Kinder in einen so tiefen Schlaf, daß sie regelmäßig vom Abend bis zum Morgen praktisch nicht weckbar sind, so ist das ein Zeichen dafür, daß sie einen Abwehrmechanismus gegen Angst entwickelt haben. Der Tiefschlaf beschützt das Kind, wenn sein Angstpegel zu niedrig ist und daher zum Dauerstreß zu werden droht, was im Säuglingsalter bereits dadurch geschehen kann, daß es zu lange schreien muß, bis jemand kommt. Kindern, die im Säuglingsalter einen Tiefschlaf entwickelt haben, muß also geholfen werden, vor allem diesen Abwehrmechanismus aufgeben zu können, wenn man hoffen will, daß es ihnen gelingt, auch des Nachts ihre Blasenentleerung zu regulieren.

Im allgemeinen wird es nun freilich in der Phase der Sauberkeitsgewöhnung geschafft, den unnatürlichen Tiefschlaf durch ein unbewußtes Einwirken der Mutter wieder rückgängig zu machen: Sie setzen ihre Kinder am späten Abend noch einmal auf den Topf; in Notfällen, bei Krankheiten, Husten und Erbrechen erleben die Kinder, daß jemand da ist, daß sie gar nicht allein sind. Diese Gegenerfahrung mindert die Notwendigkeit des Tiefschlafs. Der Rückzug der Seele hört auf und macht einem normalen Schlafverhalten Platz. Nur in relativ wenigen Fällen kommt der Tiefschlaf nicht zur Minderung, zum Beispiel wenn neue Erfahrungen bestätigen, daß es besser ist, nichts zu sehen und nichts zu hören (etwa wenn Krankenhausaufenthalte nötig wurden; wenn die Schlafstätte des Kindes nicht in Rufnähe der Eltern ist: wenn durch viel Abwesenheit der Mutter keine Erfahrung der Abgesichertheit entsteht). Die Gründe für ein Bestehenbleiben des Tiefschlafs können jedenfalls vielfältig und tragisch sein. Sie haben viel mit Unwissenheit, selten etwas mit bösem Willen zu tun.

Freilich wirkt es verstärkend auf das Leiden, wenn die Mutter erlebt, daß das Kind bei einem Verwandtenbesuch, bei einem Krankenhausaufenthalt sauber blieb und darüber ärgerlich wird; denn sie gewinnt so nur allzu leicht den Eindruck, daß das Kind sie allein ärgern will. Dabei ist der Triumph von Krankenschwestern, Patentanten oder Großmüttern, bei denen das Kind für einige Nächte sauber blieb, meist nicht berechtigt: Die fremde Umgebung bewirkt vielmehr eine kurzfristige angestrengte Minderung der Schlaftiefe, die sich wieder verliert, wenn das Kind zu einer Eingewöhnung oder Beruhigung kommt. Aber diese Wahrheit wird den Müttern kaum einmal erkennbar, so daß sie das Einnässen als persönliche Attacke gegen sie mißdeuten. Mütterliche Wut auf das Kind ruft Gefühle der Verlassenheit, der Berechtigung zum Ausgestoßenwerden hervor und bewirkt, daß die Notwendigkeit des Tiefschlafs weiter bestehen bleibt.

Hat man diese Zusammenhänge erst einmal erfaßt, so ist es nicht mehr schwer, sich Konzepte zur Therapie des Bettnässerleidens einfallen zu lassen. Das Kind muß in den nächsten Monaten so gezielt wie möglich davor beschützt werden, Gefühle der Verlassenheit weiter zu unterhalten. Es muß zunächst vor allen Dingen nachts in der elterlichen Nähe schlafen. Bereits am Abend vor dem Schlafengehen sollte diese Nähe nachhaltig gelebt werden: Eine ausführliche halbe Stunde am Bett des Kindes sollte regelmäßig stattfinden. Hier lassen sich Geschichten erzählen, es können gemeinsam ein Stück Obst vertilgt oder Bilder besehen werden. Empfehlenswert ist der Platz der Mutter am Kopfende des Bettes, so daß das Kind mit Kopf und Oberkörper am Leib der hinter ihm sitzenden Mutter ruht. Wichtig ist es, daß man ihm mitteilt, daß man in Rufnähe ist und die ganze Nacht über bleibt und daß man noch einmal kommen und es auf den Topf setzen wird. Näßt das Kind nachts mehrere Male ein, so sollte man sich den Wecker stellen. Im allgemeinen reicht eine einzige Topfsitzung ca. anderthalb Stunden nach dem Einschlafen. Die nächtliche Bemühung sollte mit geflüsterter Zärtlichkeit, mit liebevollem Streicheln verbunden sein, auch wenn das Kind scheinbar nicht wach wird. Das trockene Bett am Morgen sollte mit Triumphgeschrei zur Kenntnis genommen und mit einem Gummibärchen belohnt werden.

Gelingt es nicht, Topfsitzungen zu erreichen, bevor das Kind eingenäßt hat, so sollte man zusätzlich den von Verhaltenstherapeuten entwickelten Klingelapparat anschaffen*. Er ermöglicht es, daß das Kind durch eine laute Klingel geweckt wird, wenn sich die Unterlage befeuchtet. Aber auch der Klingelapparat führt nur zu dauerhaften Erfolgen, wenn die Mutter hinzueilt

* Stegat, H.: Die Verhaltenstherapie der Enuresis; Z. Kinderpsych. 6 (199–207), 1973.

und dem Kind behilflich ist. Es bewährt sich nicht, dem noch mit dem Tiefschlaf kämpfenden Kind zu viel zuzumuten: eigenständiger Gang auf eine weit entfernte Toilette, selbständige Erneuerung der Unterlage etc. Auch hier muß in *kleinen* Schritten vorgegangen werden. Das Wichtigste aber ist der Abbau der Vorstellung, nachts ohne Hoffnung allein zu sein. Natürlich ist es förderlich, ein Bettnässerkind auch am Tage nicht zu lange allein zu lassen. Viele Bettnässerleiden habe ich dadurch heilen können, daß ich mit den Müttern eine praktikable Änderung im Tagesablauf verabredet habe.

Im Grunde brauchte das Bettnässerleiden im Zeitalter der Waschmaschine nicht allzu ernst genommen zu werden, da mit dem Pubertätsbeginn meist spontan eine Verringerung der Schlaftiefe einsetzt, die das Bettnässerleiden auch unbehandelt zum Verschwinden bringt, wenn es nicht ein Symptom dafür wäre, daß sich das Kind des Abwehrmechanismus' der Empfindungslosigkeit bedient. Generalisierte Empfindungslosigkeit erzeugt eine dickhäutige Unerregbarkeit, die als Gleichgültigkeit gegen alles und jedes in Erscheinung tritt. Ein Übermaß an Unbeeindruckbarkeit aber verhindert nicht nur eine zupackende Leistungsbereitschaft, es bewirkt auch eine Stagnation der Reifemöglichkeit. Wo Anrührbarkeit aufhört, geht auch der Motor zur Weiterentwicklung verloren. Die Unsauberkeit des Bettnässerleidens sollte deshalb für Eltern ein dringliches Signal sein, wenn sie hoffen wollen, daß ihr Kind ein lebenszupackender und leistungskräftiger Mensch wird.

Um die Unordnung ihrer Kinder machen sich die Mütter meistens zu große Sorgen. Ein zu früher Beginn und ein Übermaß an Ordnungforderungen können leicht einmal dazu führen, daß das Klassenziel nicht nur nicht erreicht wird, sondern bis ins Erwachsenenalter blockiert bleibt. Als generelle Regel mag gelten: Bis zum Alter von vier Jahren sollten die Erwachsenen den Kindern, ohne ein Wort darüber zu verlieren, nachräumen. Danach sollte man das Kind loben, wenn es – Mutter nachahmend – mit aufräumt. Vom sechsten Lebensjahr ab sollte man abends sagen: „Wer groß ist, darf jetzt aufräumen." Kommen Sieben- und Achtjährige der Forderung nicht nach, sollte man bemerken: „Ach, so klein sind Mark und Timm noch!" Gleichzeitig sollte die Fünfjährige, die Mutter hilft, ein kräftiges Lob hören: „Jessica könnte direkt schon zur Schule gehen. Die ist schon sehr groß. Sie kann schon Ordnung machen." Wichtig ist es, älteren Kindern nicht von morgens bis abends mit Ordnungsforderungen hinterherzulaufen. Die Kinder sollten vielmehr gelobt werden, wenn sie ihre Schulsachen in Ordnung halten. Darauf sollte das Hauptgewicht gelegt und lediglich am Abend das Aufräumen im Kinderzimmer gefordert werden.

Von der Zwölfjährigkeit ab sollte vom Kind erwartet werden, die Ordnung in seinem Zimmer, an seinem Arbeits- und Spielplatz unaufgefordert herzustellen und zu erhalten. Verbreitete Unordnung über den Bereich des Kindes hinaus sollte bewirken, daß Mutter die verstreuten Gegenstände auf den Arbeitsplatz des Kindes zurückbefördert. Ist das Kind zu faul, seinen Bereich in Ordnung zu halten, so sollte man ihm das nicht abnehmen. Wenn es dann in seinem Tohuwabohu wichtige schulische Gegenstände verloren hat, darf man unter keinen Umständen hinzueilen. Der zeitsparende Sinn von Ordnung kann nur erkannt werden und zu einer Änderung der Schlampigkeit führen, wenn konstruktive Erfahrungen dieser Art *nicht* von verwöhnenden Müttern verhindert werden. Besorgte Mütter können ganz getrost sein: Haben ihre Kinder erst einen eigenen Hausstand, so setzen meist bald die Vernunft und die Freude an Schönheit der Rücksichtslosigkeit und dem heimlichen Protest gegen Mutters kunstreiche Ordnung ein Ende.

V

Verwahrlosung

(Schuleschwänzen, Weglaufen, Süchte)

Daß unsere Zeit einen wahren Boom von seelischer Verwahrlosung im Jugendalter hervorbringen würde, war voraussehbar, denn sie ist kein Produkt materieller Armut. Sie ist in unserer Wohlstandsgesellschaft viel häufiger eine Folge von Vernachlässigung und/oder Verwöhnung in den ersten Lebensjahren. Unser künstliches Leben im Wohlstand züchtet geradezu die neurotische Verwahrlosung wie auf einem präparierten Nährboden. Selten sind die Eltern direkt schuld. Sie saßen falschen Anweisungen und Zeittrends auf, die den seelischen Entfaltungsbedingungen der Kinder zu wenig Beachtung schenken*. (Ausführliche Fallschilderungen und Darstellungen der Verursachung dieser neuen Volksseuche finden sich in folgenden Büchern: Manipulierte Maßlosigkeit, S. 19 ff, Mut zum Erziehen, S. 31 ff, Wunschtraum und Wirklichkeit S. 67 ff; Unser Leben muß anders werden, S. 57 ff; Die ruinierte Generation S. 82 ff.

Ein Kennzeichen, daß das Kind in der Gefahr ist, seelisch zu verwahrlosen, ist das Schuleschwänzen und Von-zu-Hause-weglaufen; denn diese beiden Symptome signalisieren, daß zwei Grundcharakteristika der neurotischen Verwahrlosung bei dem Kind vorhanden sind: Eine ausweichende Passivität in bezug auf Leistungsforderungen und eine fehlende Bindung an das Elternhaus. In vielen Fällen treten diese beiden Symptome gemeinsam mit Stehlzwängen (s. Kapitel L) und mit einem Unvermögen zu Sauberkeit und Ordnung auf. Die Stimmung ist im Grunde depressiv (s. Kapitel D) und die Gefahr, in eine betäubende Sucht zu gehen, außerordentlich groß, weil die unzureichende Bindung an geliebte Bezugspersonen keine Gegensteuerung durch das Gewissen ermöglicht*.

---

* Stahl, C. D. und Panzer, W.: Soziales Umfeld und Familiensituation bei drogengefährdeten Jugendlichen. Z. Kinderpsych., 6, (230–235) 1973.

Neurotisch verwahrloste Jugendliche sind schwer gefährdete Menschen, weil es ihnen an Lebenskraft und damit auch an Erfolgschancen mangelt. Die durch die Depression bedingte unzureichende Ausdauer zwingt sie in eine Resignation, die generell vor einer selbstmörderischen Selbstzerstörung nicht zurückschreckt. Die Suchtneigung und die Ordnungsverweigerung, die undankbare Aggressivität und Haltlosigkeit, von der die Sexualität heute meist voll mitbetroffen ist, macht sie in einem hohen Maße therapieresistent.

Ist eine Verwahrlosung erst einmal manifest geworden, so entzieht sich der Kranke meist schon nach kürzester Zeit den Bemühungen seiner Helfer. Deswegen ist seelisch Verwahrlosten in der Freiheit kaum zu helfen. Psychiatrische Institutionen sind aber ebenfalls praktisch erfolglos, weil die Kranken sich langfristiger Behandlung meist durch Flucht entziehen.

Für seelisch Verwahrloste wäre ein therapeutisches Konzept wünschenswert, das es ihnen ermöglichte, in kleinen konstanten Schiffsmannschaften als Matrosen die Weltmeere zu befahren und unterwegs von erfahrenen Therapeuten behandelt zu werden. In der Freiheit ist es kaum möglich, sie zu sozialisieren.

Um nicht den frühen Tod durch einen ‚goldenen Schuß‘ oder im alkoholischen Verkehrsunfall zu erleiden oder hinter Gefängnismauern zu verschwinden, ist es nötig, rechtzeitig die vielen kleinen Verhaltensstörungen im Kindesalter ganz ernst zu nehmen, die in den Kapiteln D, F, L, N, O und U beschrieben sind. Rechtzeitig erkannt, lassen sich mit großem Einsatz, mit viel Opferbereitschaft der Erziehenden spätere fürchterliche Schwierigkeiten bannen. Vor dieser neuen Seuche unserer Zeit brauchen wir die gleiche Furcht, das gleiche Entsetzen wie beim Ausbruch einer Pockenepidemie; denn auch hier könnte man nur durch sehr viel Vorbeugen dem Elend entgegenwirken. Nüchternes, ungeschöntes Verantwortungsgefühl muß alle Menschen wach machen, um mitzuhelfen, daß weniger unschuldige Kinder in den Sog dieser grausamen Erkrankung geraten. Die Worte der Mutter von Christiane F., dem rauschgiftsüchtigen Mädchen aus der Szene von Berlins Bahnhof Zoo, die erst aufwachte, als es zu spät war, seien an dieser Stelle allen Lauen ins Gedächtnis gerufen:

„Heute weiß ich natürlich, daß ich mich in erster Linie von meinem schlechten Gewissen freikaufen wollte, weil ich so wenig Zeit für die Kinder hatte. Ich hätte Geld Geld sein lassen sollen. Ich hätte mich um die Kinder kümmern sollen, statt arbeiten zu gehen. Ich begreif' mich heute selber nicht mehr, warum ich die Kinder allein gelassen habe. Als ob man das mit schönen Sachen wieder wettmachen könnte. Ich hätte lieber von der Fürsorge leben sollen, solange mich die Kinder brauchten. Auf jeden Fall hab ich vor lauter Anstrengungen für ein hübsches Zuhause völlig aus dem Kopf verloren, worauf es eigentlich ankommt. Ich kann das alles drehen, wie ich will, am Ende mache ich mir immer denselben Vorwurf. Ich habe die Kinder viel zu häufig sich selbst überlassen. Und Christiane hätte sicherlich mehr Halt gebraucht, mehr Führung ..."*

* Hermann, K. und Rieck, H.: Wir Kinder vom Bahnhof Zoo, Hamburg 1980, S. 59.

W

Wutanfälle

Ein achtjähriger Knabe sitzt über dem Puzzle eines Intelligenztests und versucht die einzelnen Teile zusammenzufügen. Als er nach einigen Versuchen damit nicht zurande kommt, springt er plötzlich auf, wischt die Pappteilchen vom Tisch, trampelt darauf herum, hebt ein größeres auf, zerfetzt es, wirft es gegen die Tür, schreit, brüllt, kippt den Tisch hoch, wirft den Sessel um. Ich stehe schweigend auf und verlasse den Raum. Nur kurz noch höre ich einige polternde Geräusche und ein heiseres Geschrei. Dann kehrt Stille ein.

Ich begebe mich zu Hartmuts Mutter, die auf das Ende der Untersuchung wartet und berichte ihr von dem Wutanfall ihres Sohnes. „Ja", sagt sie bekümmert, „und so geht das bei uns zu Hause tagaus, tagein. Was sollen wir nur machen? Wir sind so verzweifelt! Glücklicherweise ist in der Schule erst zweimal dergleichen passiert; aber es wird auch immer schlimmer. Vermutlich werden Sie auch gar nichts machen können, denn mein Mann ist genauso jähzornig. Hartmut hat diese Eigenschaft einfach von ihm geerbt. Sie können sich gar nicht vorstellen, wie meine Mutter, unsere Angestellte und ich in Angst und Schrekken leben. Und nun geht das auch noch mit dem Jungen los!"

Nach etwa zehn Minuten betrete ich erneut den Untersuchungsraum. Der Knabe hat notdürftig aufgeräumt und sitzt lammfromm vor dem Kasten. Ich lege den Test in den Schrank zurück. „Du kannst nun zu deiner Mutter gehen", sage ich, „ich weiß jetzt über dich Bescheid."

Hartmut schaut mich unsicher-schuldbewußt an. „Ja", sage ich, „ich weiß jetzt, daß du deinen Vater einfach nachmachst. Immer hast du nun schon erlebt, wie der zu Hause herumtobt und dadurch erreicht, daß alles nach seiner Pfeife tanzt; und nun hast du gemerkt, daß das eine ganz gute Methode ist, um alle zum Zittern zu bringen. Aber schau, in Wirklichkeit taugt sie überhaupt nichts; denn wenn man sich erst daran gewöhnt, bei jeder Gelegenheit loszubrüllen, dann kann man das nachher nicht mehr abstellen und macht sich viele, viele Feinde. Und keine Freunde zu haben, sondern nur Feinde, das ist bestimmt kein gutes Leben."

„Aber was soll ich denn machen?" fragt Hartmut. „Ich seh' doch einfach rot, ich koch' doch einfach über." „Ja", erwidere ich, „eine große Wut haben, das passiert jedem von uns alle Nas' lang, wenn etwas nicht so klappt, wie wir es möchten; aber man kann es lernen, sich zu beherrschen." „Wie?", fragt Hartmut.

„Als erstes, indem man sich zwingt, weiterzumachen. Als zweites, indem man, sobald man die Gelegenheit hat, etwas tut, was der Wut ein Ventil schafft, ohne daß es andere Menschen belästigt oder beschädigt. Ich habe deiner Mutter einige Ratschläge gegeben: Wir werden dir einen Boxball im Keller montieren, daran kannst du deine Wut abarbeiten. Auch eine Zielscheibe und Wurfpfeile haben wir für dich vorgesehen und ein Trampolin, in das du die ganze Wut hineinstampfen kannst."

Die Chronifizierung von unbeherrschten Wutanfällen ist umso leichter möglich, je mehr sich die Erwachsenen von ihnen beeindrucken lassen. Jähzornig schreiende Kinder sollten auf jeden Fall ohne Publikum bleiben und nach Abklingen des Anfalls aufgefordert werden, allein die Ordnung, die sie zerstört haben, wiederherzustellen. Jähzorn im Kindesalter sollte aber darüber hinaus als ein Signal erlebt werden, daß das Kind mehr Ventile für seine Aggressivität braucht. Im vorliegenden Fall war es auch noch nötig, den Vater einzubestellen und ihm zu verdeutlichen, wie wenig vorbildlich sein unbeherrschtes Verhalten für die Entwicklung seines Sohnes sei. Ihm wurde klar gemacht, daß er wenig Aussicht habe, einst von seinem Sohn geachtet und anerkannt zu werden, wenn er Machtausübung durch Löwengebrüll in ihm hochzüchte. Der Vater sagt mit der gleichen Unschuldsmiene wie der Sohn: „Aber was soll ich denn machen? Ich sehe doch so leicht rot!"

Vater und Sohn sind gemeinsam unter die Amateurboxer gegangen, und auch Säge und Gartenschere liegen immer parat, um der großen Wut durch gutes Gärtnern ein Ventil zu schaffen.

Z

Zwänge

(Wasch-, Ordnungs- und Rückversicherungszwänge, Zwangsphantasien)

Die 16jährige Renate ist so verzweifelt. „Seit zwei Jahren geht es mit mir abwärts", sagt sie. „In der Schule bringe ich nichts, weil ich nicht genug Zeit habe zu lernen; was Freizeit ist, weiß ich schon lange nicht mehr, und die Lust, in dieser Form zu leben, ist mir allmählich wirklich abhanden gekommen."

Renate wäscht alles, was ihr unter die Hände gerät, sich selbst und was sich nur waschen läßt in der kleinen Wohnung, die sie gemeinsam mit der Mutter bewohnt.

„Zuerst war meine Mutter ganz erfreut darüber, daß ich die Wohnung und mich selbst so pieksauber hielt. Aber allmählich fällt ihr meine Wascherei auch enorm auf die Nerven.

‚Man muß doch irgendwann einmal zur Ruhe kommen', sagt meine Mutter zu mir.

Ich finde das ja auch; aber ich kann es nicht ändern. Ich habe schreckliche Angst, anderen irgendeine Krankheit, einen Virus oder so irgendetwas zu übertragen. Ich möchte ein solches Risiko nicht eingehen. Dabei ist mir natürlich klar, daß meine Mutter und ich selbst täglich neue Bazillen einschleppen, schließlich kommen wir ja laufend mit der Außenwelt in Berührung. Aber ich will die nicht weiter verbreiten. Deshalb passe ich schon auf, daß wir nur pflegeleichte Sachen tragen, die sich waschen lassen. Die Waschmaschine ist bei uns ständig in Betrieb. Meine Mutter sagt seufzend: ‚Gegen Deinen Waschmittelverbrauch kann ich demnächst nicht mehr anverdienen'. Dabei sehe ich mit meinem Verstand natürlich ein, daß das alles übertrieben ist mit meinem Sauberkeitsfimmel. Aber ändern kann ich es nicht allein – die Angst ist zu groß."

Ich frage nach Renates Vorgeschichte. Sie ist ein uneheliches Kind. Ihren Vater hat sie nie gekannt. Ihre Mutter ist als Kontoristin immer berufstätig gewesen. Renate selbst ist von der

Großmutter aufgezogen worden, die eine gewissenhafte Hausfrau gewesen sei, mehr streng als verwöhnend. Ihre Mutter sei eigentlich für sie eher so etwas wie eine ältere Schwester gewesen. Die eigentliche Betreuung von beiden hätte die Großmutter allein und fest in der Hand gehabt. Sie selbst sei schon früh zur Ordnung und zur Hilfe im Haushalt angehalten worden. Sie habe ihre Großmutter geliebt und in den letzten Jahren ihres Lebens auch viel um sie gelitten. Sie habe Herzasthma gehabt und immer einmal wieder Anfälle bekommen. Als sie eines Tages aus der Schule gekommen sei, habe sie die Großmutter schwer atmend am Boden vorgefunden. Sie sei nach einem Medikament gerannt, das schon öfter geholfen habe. Sie habe versucht, ihr mit dem Löffel etwas einzugeben in den offen aufgeklappten Mund. Da habe die Großmutter plötzlich die Augen verdreht, und dann sei sie ganz starr geworden. Zu atmen hätte sie aufgehört. Da hätte sie einen furchtbaren Schreck bekommen und sei einfach weggerannt, ganz kopflos, lange durch viele Straßen. Schließlich sei sie zurückgekehrt und habe ihre Mutter, eine Nachbarin und den Arzt vorgefunden. Die Großmutter sei tot gewesen – Herzversagen nach Angina pectoris, hat der Arzt gesagt.

Renate macht eine Pause und schaut schweigend zu Boden. „Aber du glaubst, daß *du* Großmutter den Rest gegeben hast, nicht wahr?“ sage ich in das Schweigen hinein. Renate nickt. Dicke Tränen rollen ihr übers Gesicht.

Wir beschließen, die Sache miteinander zu bearbeiten und beginnen mit regelmäßigen Gesprächsstunden. In diesen kommt schließlich auch ans Tageslicht, daß Renate sich gegen die Großmutter, gegen ihr kleinliches Pflichtbewußtsein, gegen ihre eingreifende Überbesorgtheit oft gewehrt hätte, daß sie sich aber von ihr viel zu abhängig gefühlt und ihre Übermächtigkeit bei Auseinandersetzungen gefürchtet habe. Renate erinnert sich dann auch, daß sie bereits einige Jahre vor dem Tod der Großmutter geträumt habe, daß sie sie mit einem Herzmedikament vergiftet hätte. Von dem Traum sei sie in großer Angst und mit lautem Weinen aufgewacht.

Was hat Renates Wasch- und Sauberkeitszwang mit dieser Geschichte zu tun? Die entwicklungspsychologisch berechtigte Aggression gegen die Großmutter ist von dem Kind niemals zugelassen worden. Aber der verdrängte Wunsch nach Befreiung tauchte beim Erleben des großmütterlichen Sterbens dennoch wieder auf, und zwar in der (unberechtigten) Vorstellung, den Tod der Großmutter verursacht zu haben. Nun aber, nach ihrem Sterben, kann der heimliche Wegwunsch erst recht nicht ertragen werden. Panische Schuldgefühle quellen hervor, die nach Entlastung heischen. Und so beginnt Renate ihre Hände gewissermaßen in Unschuld zu waschen. Sie selbst ist schmutzig, vergiftet, infiziert, so empfindet sie, und bedarf der fortgesetzten Reinigung, und deshalb fürchtet sie, unrein zu sein und andere Menschen damit anstecken zu können.

Bei den Waschzwängen sind es sehr häufig unerträgliche und deshalb verdrängte aggressive Wünsche, die überspielt, die ungeschehen gemacht werden sollen.

Aber auch bei den vielen anderen Zwangserscheinungen dreht es sich darum, Handlungen und Wünsche, die dem Menschen als böse, als unzulässig erscheinen, durch ein Gegenritual abzuwehren. Bei den Ordnungszwängen müssen zum Beispiel die Gegenstände des Haushaltes in einer ganz bestimmten Stellung auf einem nicht verrückbaren Platz gehalten werden, bei den Zählzwängen muß bei jeder Gelegenheit alles mögliche gezählt werden. Und da die verbotenen Inhalte allenfalls gelegentlich einmal halb und dann nur mit wieder erneuter Abscheu ins Bewußtsein geraten, können sie nicht verarbeitet werden, sondern führen in den elenden Dauerkampf mit den zu verdrängenden Inhalten aus dem Unbewußten. Die Auflösung solcher Nöte sollte man besser einem Fachmann überlassen. Erfahrungsgemäß führt aber bereits eine Aufklärung über den Hintergrund des als bedrängend erlebten Zwanges zu einer befreienden Entlastung, erst recht wenn es gelingt, dem Patienten seine aggressiven bzw. sexuellen Wünsche als verstehbar, ja als berechtigt und tolerierbar zu verdeutlichen. Die Behandlung freilich ist damit erst begonnen, denn sie kann nur dann als abgeschlossen gelten, wenn es gelingt, den Bereichen des Gewissens einerseits und denen der Triebe andererseits in der Seele eines Menschen zu einem ausgewogenen Maß zu verhelfen. Das ist eine umso erfreulichere Arbeit, als die Notwendigkeit zu zeitraubenden Zwängen durch das Verstehen ihrer Hintergründe sehr rasch merklich nachläßt, so daß die jungen Patienten mit Eifer daran mithelfen, die einseitige Übergewissenhaftigkeit in eine ebenso verantwortungsbewußte wie gelockertere Lebensführung umzuwandeln.

Wenn sich Zwänge bei Kindern und Jugendlichen auch als optimal therapierbar erweisen, sollte man sich als Eltern nicht darauf verlassen. Grundsätzlich ist es mit der Reparatur der Seele anders als bei der unseres Autos. Jedenfalls ist es mit dem Einsetzen von einigen Ersatzteilen allein nicht getan. Immer bedeutet eine Korrektur des Verhaltens mühseligen Kampf gegen eingebahnte Gewohnheiten, schwer bezwingbare, falsch hochgezüchtete Bedürfnisse, Konflikte und Ängste.

Niemals aber bricht eine der in diesem ABC aufgeführten Schwierigkeiten im Jugendalter aus heiterem Himmel aus; selbst im Fall Renate waren die tragischen Ereignisse nicht die Ursache des Ausbruchs des Waschzwangs. Immer geht dem Sichtbarwerden einer solchen sogenannten Zwangsneurose eine zu weitgehende Drosselung des lebensnotwendigen Spielraums und eine Erziehung zu einer Übersteuerung des Gewissens voraus. Kinder, die erlebt haben, daß jede kleinste Frechheit bereits zu einer Art Todsünde gemacht wird, geraten nur allzu oft im jungen Erwachsenenalter in eine Unvereinbarkeit ihrer Antriebe mit dem diktatorischen geistigen Zensor in ihnen selbst. In der Vorbereitung zur Zwangsneurose haben häufig Eltern gewirkt, die tragischerweise zu angstvoll verkrampft ihre Pflicht zu tun bemüht waren.

Unser Maß in der Mitte zwischen Vernachlässigung einerseits und Übereifer und Verwöhnung andererseits finden wir am besten, wenn wir unseren Kindern gegenüber ein Stück gelassenen Gottvertrauens gelten lassen und gleichzeitig von dem Gedanken beseelt bleiben, daß sie nicht an unser Eigenwollen ausgelieferte, von uns zu formende Masse, sondern uns zu guter Gärtnerschaft anvertraute kostbare Seelenpflanzen sind. Lassen wir ihnen gegenüber eine horchbereite Liebe walten, beherzigen wir, daß wir ihnen Spielraum zu geben und Grenzen zu setzen haben, sind wir bereit, in ihrer frühen Kindheit unser Ich hinter ihrer Pflege zurückzustellen, so haben wir alle Chancen, daß unter unserer Obhut junge Menschen heranwachsen, die so lebenskräftig und so liebesfähig sind, daß sie eine gute Zukunft haben.

Literaturverzeichnis

Aichhorn, A.: Verwahrloste Jugend. Bern 1951.

Alexander, F.: Psychosomatische Medizin. Berlin 1951.

Bauer, G.: Triebverbrechen jugendlicher und heranwachsender Delinquenten. Z. Kinderpsych. 6 (1970), S. 234–237.

Biermann, G. (Hrsg.): Handbuch der Kinderpsychotherapie. München 1969.

Böll, H.: Ansichten eines Clowns. Berlin 1963.

Christmann, F. und Sommer, G.: Verhaltenstherapeutische Behandlung des Fingernägelbeißens. Z. Kinderpsych. 4 (1976), S. 139–145.

Dührssen, A.: Psychogene Erkrankungen bei Kindern und Jugendlichen. Göttingen 1954.

Eichsleder, W.: Praktische Hinweise konzentrationsgestörter hyperaktiver Kinder mit Stimulantien. Z. Der Kinderarzt 12 (1981), S. 1848–1851.

Erhard, Ch. und Lempp, R.: Zur Ätiologie der Legasthenie. Z. Kinderpsych. 5 (1968), S. 164.

Freud, S.: Studienausgabe, 60 Bde. Neuaufl. Frankfurt a. M. 1971.

Gareis, B. und Wiesnet, E.: Gefängniskarrieren. Innsbruck/Würzburg 1973.

Glueck, S. and E.: Unraveling Juvenile Delinquency. New York 1950.

Graichen, J.: Kann man legasthenische und dyskalkulatorische Schulschwierigkeiten voraussagen? Z. Psych. 2 (1975), S. 52–57.

Heigl, F.: Ein Fall von generalisiertem Tic. Z. Kinderpsych. 4 (1955), S. 202.

Hellbrügge, Th.: Kindliche Entwicklung und soziale Umwelt. München 1964.

Ders.: Die sozialpädiatrischen Zentren von Prof. Pechstein. Mainz/München

Kehrer, H. E. und Stegat, H.: Über die Behandlung von Stotterern nach verhaltenstherapeutischer Methode (negative Praxis). Z. Kinderpsych. 5 (1968), S. 164–170.

Keilbach, H.: Untersuchungen an acht Kindern mit der Hauptsymptomatik Einkoten. Z. Kinderpsych. 4 (1977), S. 117–127.

Kluge, K.: Erziehungsschwierigkeit und Schwererziehbarkeit. Z. Kinderpsych. 2 (1971), S. 52–61.

Korner, A. E.: Methodological considerations in studying sex differences in the behavioral functioning of newborns. In: Friedman, R. C. et al. (Hrsg.) 1974, S. 197–208.

Kruse, F.: Raumangst und Platzangst als geburtstraumatische Neurosen. Z. Kinderpsych. 7 (1979), S. 240–250.

Lang, E.: Kind, Familie und Fernsehen. Freiburg o. J.

Löwenau, H. W.: Suicidale Tendenzen bei neurotischen Kindern und Jugendlichen. Z. Kinderpsych. 5 (1970), S. 165–168.

Mann, T.: Bekenntnisse des Hochstaplers Felix Krull. Stockholm 1939.

Meierhofer, M. und Keller, W.: Frustration im frühen Kindesalter. Bern 1966.

Merz, F.: Geschlechterunterschiede und ihre Entwicklung. Göttingen 1979.
Meves, C.: Verhaltensstörungen bei Kindern. München 1971.
Dies.: Die Schulnöte unserer Kinder. Hamburg 1974.
Dies.: Erziehen lernen in tiefenpsychologischer Sicht. München, 6. Aufl. 1981.
Dies. (und Illies, J.): Geliebte Gefährten – Tiere als Hausgenossen. Freiburg 1981.
Dies.: Unser Leben muß anders werden. Freiburg 1976.
Dies.: Unsere Kinder wachsen heran – Wie wir ihnen helfen können. Freiburg 1981.
Dies.: Manipulierte Maßlosigkeit. Freiburg, 23. Aufl., 1982.
Dies. (mit Ortlieb, H.-D.): Die ruinierte Generation. Freiburg 1981.
Dies.: Bericht über die psychagogische Arbeit mit einem entwicklungsgehemmten Jungen. Pr. Kinderpsych. 6 (1965), S. 197–208.
Dies.: Vergleichbare Strukturen von Verhaltensstörungen bei Kindern und Tieren. Pr. Kinderpsych. 8 (1967), S. 273–280.
Dies. (und Simonsen, H. P.): Katamnesen nach Krankenhausaufenthalt im Kindesalter. Pr. Kinderpsych. 6 (1968), S. 197–204.
Dies.: Mut zum Erziehen. Gütersloh, 7. Aufl. 1981.
Dies.: Erziehen und erzählen – von Kindern und Märchen. Stuttgart 1974.
Dies. (und Illies, J.): Lieben – was ist das? Freiburg, 14. Aufl., 1981.
Meves-Schetelig, U.: Biologische und psychologische Aspekte der Mutter-Kind-Beziehung beim Menschen, Inaugural-Dissertation, Kassel 1980.
Mitscherlich, M.: Beitrag zur Psychologie des Tic. Adv. Psychosomat. Med. 3 (1963), S. 203.
Nelles-Bächler, M.: Die schulische Behinderung des aggressiven Kindes. Z. Kinderpsych. 3 (1974), S. 99–102.
Neumann, U.: Wieviel Liebe braucht ein Kind? Stuttgart 1970.
Reinelt, A. und Breiter, M.: Therapie einer Trichotillomanie. Z. Kinderpsych. 5 (1980), S. 169–174.
Remschmidt, H.: Neuere Ergebnisse der Kinderdelinquenzforschung 2 (1978), S. 29–39.
Reuter, P. E.: Eltern arbeiten mit lese-rechtschreibschwachen Kindern. Fachkongreß Legasthenie, Mannheim 1978.
Rösler, M.: Befunde beim neurotischen Mutismus der Kinder. Z. Kinderpsych. 6 (1981), S. 187–194.
Sartre, J. P.: Die Wörter. Hamburg 1965.
Sullerot, E. (Hrsg.): Die Wirklichkeit der Frau. 1979.
Szonn, G.: Zwei Fälle von Haarausreißen. Z. Kinderpsych. 1 (1975), S. 10–18.
Schaffer, H. R. und Emerson, P. G.: The development of social attachment in infancy, Monogr. Soc Res. Child Development (1964 b).
Schetelig, H.: Frühkindliche Deprivation als Ursache einer sozialen Behinderung. In: Das öffentliche Gesundheitswesen, Heft 9, (1981), S. 409–456.
Ders.: Entscheidend sind die ersten Lebensjahre. Freiburg 1979.
Schwidder, W.: Neoanalyse. In: Handbuch der Neurosenlehre und der Psychotherapie, Bd. III. München/Berlin 1959.
Stahl, C. D. und Panzer, W.: Soziales Umfeld und Familiensituation bei drogengefährdeten Jugendlichen. Z. Kinderpsych. 6 (1973), S. 230–235.
Stegat, H.: Die Verhaltenstherapie der Enuresis. Z. Kinderpsych. 6 (1973), S. 199–207.
Sprockhoff, O.: Eine neue Kinderkrankheit: Die Nuckelflasche. Deutsches Ärzteblatt 1 (1982), S. 40.

Fremdwörterverzeichnis

Abort	Fehlgeburt
Adipositas	Fettsucht
Adoleszenz	Jüngligsalter
Adrenalinausschüttung	Ausschüttung von Nebennierenrindenprodukten unter Angst
Aktivitätsatrophie	Schwund der Möglichkeit, aktiv zu sein
akzeptieren	annehmen
Altruismus	Nächstenliebe
ambivalent	zwiespältig
Analogie	Entsprechung
Anamnese	Vorgeschichte einer Krankheit
anarchistisch	gesetzlos
apathisch	erschlafft, antriebslos
apodiktisch	sicher
Asthma bronchiale	Erkrankung der Bronchien
Autismus	krankhaftes Unvermögen, Kontakt zur Umwelt aufzunehmen
autobiographisch	die eigene Lebensgeschichte beschreibend
azetonämisch	den Blutzucker mindernd
Boom	Hochgetriebenheit
Bulimie	künstlich herbeigeführtes Erbrechen nach überreichlicher Nahrungsaufnahme aus Angst vor Gewichtszunahme
Chorea minor	Veitstanz
Chronifizierung	Fortdauern
Coeliacie	Darmerkrankung
Colitis ulcerosa	Darmerkrankung
Defizit	Mangel
Desaster	Mißgeschick
diffamieren	lächerlich machen
differenzialdiagnostisch	unterscheidend eine Krankheit erkennen
diskriminieren	herabsetzen
Distanz	Entfernung
Encephalitis	Hirnhautentzündung
Enkopresis	Einkoten
Ersttrauma	erste seelische Verletzung
exaltiert	aufgeregt
Exhibitionismus	Schamverletzung durch Vorzeigen des männlichen Gliedes
exzessiv	das Maß überschreitend

Fetischismus	geschlechtliche Befriedigung an einem Ersatz
feixen	sich lustig machen
fetal	im Zustand der Ungeborenheit
freiflottierend	frei umherschweifend
Frustrationstoleranz	Seelenstärke
Funktion	Aufgabe
Gegenritual	magische, oft wiederholte Handlung zur Abwehr böser Mächte
generalisiert	verallgemeinert
Genese	Entstehungsgeschichte
genital	die Geschlechtsteile betreffend
granadisches Nachtlager	Schlafplatz in gedrängter Enge
Hungeroedem	Wasserretentionen im Körper
Hyperaggressivität	übersteigerte Angriffslust
Identifikation	Gleichsetzung
imitieren	nachmachen
indoktriniert	fehlbelehrt
infiziert	angesteckt
interpretieren	erklären
Invasion	Einfall, Übergriff
Inzesttabu	Verbot der geschlechtlichen Beziehung mit nahen Blutsverwandten
irreversibel	nicht heilbar
Jactatio capitis	Hin- und Herschlagen des Kopfes
Jour fix	festgelegter Tag gemeinsamer Verabredung
Kastration	Entmannung
katatone Starre	verkrampfte Bewegungslosigkeit
Klitoris	Kitzler
Kompensation	Ausgleich
konstant	gleichbleibend
Konstellation	Zusammentreffen von Umständen
konstruktiv	aufbauend
Konzept	Plan
latent	unterschwellig
Legasthenie	Schreib-Leseschwäche
legiert	verschmolzen
lesbisch	weiblich homosexuell
manifest	offenbar
manipulieren	aktivieren
Marasmus	körperliche Verelendung
Masochismus	Lust, sich quälen zu lassen
Mentalität	Wesensart
motorisch	körperlich beweglich
Mutismus	krankhafte Schweigsamkeit
Neurologe	Facharzt für organische Nervenleiden, Hirnspezialist
neurotisch	seelisch gehemmt
notorisch	offenkundig
Opportunismus	das Günstige tun
optimal	bestens
Orgasmus	Höhepunkt sexueller Erregung
Overprotection	Überbehütung
panisch	unreflektiert angstvoll

pathologisch	krankhaft
Pavor nocturnus	nächtliches Aufschreien
penetrant	durchdringend
Perfektionismus	das Streben nach Vollkommenheit
Perversion	sexuelle Abartigkeit
Petit mal	geringfügige Anzeichen einer Epilepsie
Phalanx	Schlachtreihe
Phobie	Furcht, bei der die Angst auf einen Gegenstand abgeleitet ist
physiologisch	körperlich
pomadig	träge
Pornographie	unzüchtige Darstellung
potentiell	der Anlage nach
Potenz	Geschlechtskraft
pränatal	vorgeburtlich
Privileg	Vorrecht
prometheisch	wie der griechische Gott Prometheus
psychogen	seelisch bedingt
Psychopathie	seelische Schwäche
psychosomatisch	körperlich leidend durch seelische Ursachen bedingt
psychotisch	geisteskrank
qui vive	hellwach aufmerksam sein
rational	vernunftgemäß
reaktivierbar	wieder handlungsfähig machen
Recherchen	Nachforschungen
reflektorisch	einem Reflex, einer automatischen Reaktionsform gehorchend
renitent	widersetzlich
retentiv	zurückhaltend
Sadismus	Quälsucht
Sanierung	Heilung
Selbstreflexion	Selbstbeobachtung und -befragung
Sexorgie	Sexgelage
sozialisieren	gesellschaftsfähig machen
Spontaneität	unnachdenkliche Handlungsbereitschaft
Stagnation	Steckenbleiben
Stimulation	Selbstreizung
suggerieren	beibringen
subtil	zart
Symptom	Krankheitszeichen
Testosteronschub	Schub von männlichem Sexualhormon
therapieresistent	durch Heilungsversuche unbeeinflußbar
Tohuwabohu	Durcheinander
tolerierbar	annehmbar
Transvestitismus	sich in der Kleidung des Gegengeschlechts darstellen
umkonditionieren	eine Haltungsänderung durch Lernen erwirken
verbal	mit Worten bekundend
Volière	Vogelhaus